LIBRAIRIE DE L'ART
GRANDES VILLES
DE FRANCE
PARIS PITTORESQUE

PARIS PITTORESQUE

PARIS. — IMPRIMERIE DE L'ART, J. ROUAM, IMPRIMEUR-ÉDITEUR
41, RUE DE LA VICTOIRE, 41

A. DE CHAMPEAUX & F. E. ADAM

PARIS PITTORESQUE

OUVRAGE ILLUSTRÉ

DE

NOMBREUSES GRAVURES DANS LE TEXTE

ET DE

DIX GRANDES EAUX-FORTES ORIGINALES

PAR

Lucien GAUTIER

LIBRAIRIE DE L'ART
PARIS ET LONDON

33, AVENUE DE L'OPÉRA, PARIS   134, NEW BOND STREET, LONDON
J. ROUAM, IMPRIMEUR-ÉDITEUR   REMINGTON AND Co, PUBLISHERS

PARIS PITTORESQUE

PAR

A. DE CHAMPEAUX

ET

F. E. ADAM

PARIS PITTORESQUE

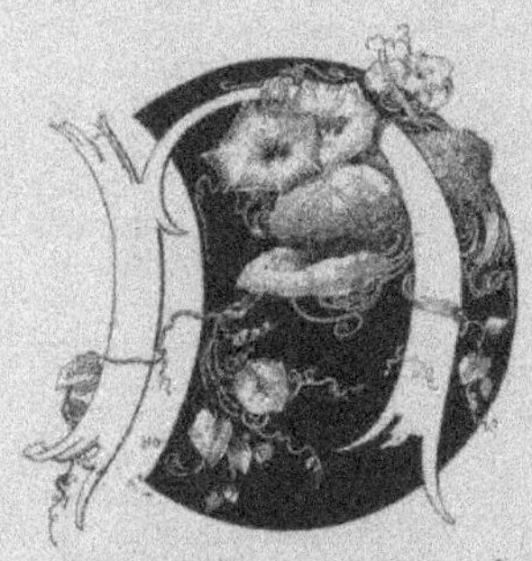

E vous êtes-vous jamais réveillé, par un beau jour de soleil, — un de ces jours si rares depuis plusieurs années, — avec des idées insurmontables de vagabonder? Vous avez ouvert votre fenêtre pour respirer à pleins poumons l'air frais du matin; en bas, dans la rue, les passants vont et viennent; où? vous n'en savez rien; à leurs affaires, sans doute. Mais peu vous importe; vous n'y songez pas. Seulement vous vous dites : « Si je faisais comme eux? » C'est une tentation, et vous ne cherchez pas à y résister. A quoi bon? Vous avez besoin de vous promener, de flâner — comme on flâne à Paris? Eh bien, Paris est là qui vous tend ses mille bras. Voulez-vous la foule? Elle est partout. Voulez-vous la solitude? Elle est partout. Les solitaires de la Thébaïde n'étaient pas si isolés au fond de leurs déserts qu'on peut l'être au milieu de la capitale. Cette multitude, cette mer houleuse qui monte, descend, bouillonne, avec un bruit perpétuel de vagues, est pareille à vous : chacun des êtres, chacun des flots qui en font partie, agit seul, se meut à sa guise, sans s'inquiéter du voisin. Personne ne vous connaît; personne ne cherche à savoir qui vous êtes, ce que vous dites, ce que vous pouvez faire. Chacun regarde le *monde* passer devant soi; c'est un spectacle, une distraction; on ne s'arrête même pas à penser que l'on est aussi pour les autres un spectacle et une distraction. Et puis, ce grand Paris, vous ne le connaissez pas. Il est rempli de merveilles que vous n'avez jamais vues. Vous remettez sans cesse au lendemain en vous disant : « Bah! je suis à Paris, je suis Parisien : j'ai le temps. » Mais non, malheureux! demain il ne sera plus temps. Le spectacle d'aujourd'hui ne sera plus celui de demain! Avez-vous remarqué une chose? Oui, car c'est une chose banale à force d'avoir été dite : tous les guides, tous les ciceroni de Paris, sont de la province. Un étranger, un provincial — ces provinciaux dont on rit tant! — sont de passage; ils ont quinze jours, un mois à rester dans la ville : ils s'empressent d'aller partout où il y a quelque chose de curieux. Si un parent de Pézenas ou de Landerneau est descendu chez vous, vous l'avez maudit, sans doute, en vous-même. Ah! bénissez-le plutôt! c'est lui qui vous expliquera la cité des merveilles; sans lui vous n'auriez peut-être jamais connu Paris. Il vous fatiguera; il vous fera gagner des courbatures; vous tomberez de lassitude deux ou trois fois par jour; tant mieux! N'ayez pas peur, il ne vous fera grâce de rien. Vous irez avec lui, sans ordre, au hasard, des abattoirs à la colonne Vendôme; il vous fera monter sur l'Arc de triomphe et descendre dans les égouts! Je comprends parfaitement que c'est un ennui, une corvée, que d'être forcé d'accompagner, sans y être préparé, un être qu'on regarde comme un sauvage et qui en sait plus long que vous sur tout ce qui vous entoure; qui vous fait l'historique du pavé que vous foulez aux pieds, du carrefour que vous traversez, de la vieille borne qui a gardé les empreintes de dix siècles. Vous écoutez avec des mines et des gestes qui laissent croire que vous savez cela mieux que lui. Hélas! Pourtant rien ne serait plus facile, à vous, Parisien, que de vous éviter ces désagréments. Une fois par quinzaine, une fois par mois, ne pourriez-vous pas errer à travers Paris, vous arrêter tantôt ici, tantôt là; étudier un monument, entrer aujourd'hui dans une église, une autre fois dans un musée; écouter les voix de la foule, pénétrer ses mœurs, ses instincts? A quoi bon se faire un plan? Chaque endroit renferme une curiosité, rappelle un souvenir. En route alors! Consacrons une bonne journée à cette délicieuse et instructive flânerie et nous n'aurons pas perdu notre temps.

J'ai donc fait ma toilette à la hâte; je prends ma canne et descends mon quatrième étage; et me voici dans la rue; je me sens léger et dispos, tout heureux d'un jour de liberté; je n'ai garde de me tracer un programme; j'irai là où mon caprice me dirigera; je me reposerai n'importe où, sur un banc du boulevard, sur la terrasse d'un café, au milieu d'un jardin public; je dinerai où l'heure de l'appétit me trouvera; je marcherai de découvertes en découvertes; et, qui sait! peut-être, nouveau Colomb, trouverai-je aussi moi mon Amérique... qu'un autre aura déjà nommée sans doute. Par où commencer, cependant! Une idée me vient qui me fait sourire. J'ai lu hier au soir une très vieille plaquette qui relate l'entrée solennelle à Paris d'un illustre personnage étranger, envoyé comme ambassadeur près de S. M. le Roy de France et de Navarre. Faisons comme lui notre entrée solennelle par la même porte : cela, je le sais, c'est du passé; mais partout, à chaque pas, nous heurterons le passé, nous admirerons le présent et nous devinerons l'avenir.

Le flâneur, le touriste qui entre à Paris par l'avenue de Vincennes a devant lui la barrière du Trône, dont on voit encore les deux pavillons, constructions lourdes et massives, comparées surtout aux deux colonnes hautes et sveltes qu'on aperçoit de loin. Ce nom lui vient du trône que l'édilité parisienne, en 1660, fit élever à cette place pour Louis XIV et Marie-Thérèse. En 1670, on résolut d'y construire un arc de triomphe sous la direction de l'architecte Perrault qui en avait fait les dessins. Cet arc devait être accompagné de deux colonnes en pierre. On commença les colonnes et l'on exécuta en plâtre un modèle de l'arc de triomphe. On en disait merveilles, mais on recula devant la dépense : et puis le grand roi préférait engloutir les revenus de l'État à son palais de Versailles. Ne l'en blâmons pas trop : l'argent des visiteurs étrangers qui viennent continuellement de tous les coins du monde admirer la magnificence, un peu froide et orgueilleuse, des monuments de cette époque, a largement couvert les frais d'architecture, d'art et de décoration : ce sont des chefs-d'œuvre que la France est fière de montrer aux autres nations. Les constructions de l'arc du triomphe furent abandonnées et démolies en 1716; les deux colonnes restèrent dans l'état où elles étaient jusqu'en 1788; on voulut alors les achever; mais on avait compté sans les événements. On vit alors un peuple tout entier, bouleverser, démolir, détruire tout le passé pour réédifier sur les ruines une société jeune et nouvelle. Il ne s'agissait plus d'élever un monument d'argile, de pierres ou de bronze : le peuple était pressé, les pierres pouvaient attendre.

Les travaux ne furent repris que vers les dernières années du règne de Louis-Philippe; et, en 1847, les deux colonnes furent entièrement terminées. Il était temps; on était encore à la veille d'une révolution : on aurait dit que tous les travaux faits par la royauté sur la place du Trône fussent des avant-coureurs de la naissance d'une République. Quoi qu'il en soit, ces colonnes, d'ordre dorique, sont remarquables; chacune d'elles est décorée de deux bas-reliefs qui sont dus au ciseau de Desbœufs et de Simart. Ceux qui regardent Paris représentent le

MONUMENT DE LA PLACE DES NATIONS.
Dessin de A. Brun, d'après la maquette de Jules Dalou.

Commerce et l'*Industrie*; les autres, du côté de Vincennes, symbolisent la *Victoire* et la *Paix*. Deux statues colossales en bronze surmontent ces deux colonnes : ce sont les statues de deux de nos plus grands rois : Philippe-Auguste et son petit-fils saint Louis.

L'entrée dans Paris par la barrière du Trône était, avant qu'on eût l'Arc de l'Étoile et les Champs-Élysées, la plus belle et la plus imposante. Une place immense, à la porte de laquelle les statues royales semblent faire sentinelle; une large et longue rue, celle du Faubourg-Saint-Antoine, aboutissant à cette autre place *décorée* du sinistre monument qu'on nommait la Bastille : tout cela devait donner une haute idée de la grandeur de Paris aux ambassadeurs étrangers qui avaient coutume de faire par là leur entrée solennelle dans la capitale.

La place du Trône ! ce nom qui réveille aujourd'hui à l'esprit de la foule tant de joyeuses pensées, qu'on se figure avoir été toujours peuplée de saltimbanques, embrasée des fusées d'un feu d'artifice en l'honneur de quelque fête nationale, a eu aussi ses jours de lugubre mémoire. Sous la Terreur, elle rivalisa avec cette grande place, située à l'autre extrémité de Paris, la place, de la Concorde. Le 7 thermidor, à huit heures du matin, la fatale charrette partit de la prison de Saint-Lazare; trente-neuf victimes se dirigeaient vers cet endroit, qu'on nommait *place du Trône renversé;* au nombre des condamnés se trouvaient Créqui, Montalembert, Montmorency, le fameux baron Frédéric de Trenck, le poète Roucher et, enfin, le plus célèbre, le plus populaire de tous ; le jeune André Chénier!

> Mourir sans vider mon carquois!
> Sans percer, sans fouler, sans pétrir dans leur fange
> Ces bourreaux barbouilleurs de lois!...
> . . . .
> Souffre, ô cœur gros de haine, affamé de justice,
> Toi, Vertu, pleure, si je meurs!

La Vertu écouta sa voix : elle l'a pleuré. Hélas! deux jours plus tard, André Chénier eût été sauvé !

La place du Trône a encore une fois changé de nom; elle s'appelle place des Nations. Elle a subi dans ces derniers temps d'heureuses transformations. Cette succursale du Sahara en été, de la Sibérie en hiver, est aujourd'hui pleine de fleurs et d'ombrage : l'eau et la verdure y ont été distribuées à profusion. Un groupe superbe, qu'on a pu admirer déjà lors du concours établi par la Ville pour obtenir une œuvre vraiment belle qui symbolisât la *République,* s'élève majestueusement sur cette place : c'est le *Triomphe de la Liberté,* par M. Dalou. La Ville en a fait l'acquisition, et a voulu qu'elle se dressât à la porte de Paris, sur la route même qui a vu jadis tant d'entrées solennelles de souverains français ou étrangers, ou d'ambassadeurs de toutes les nations.

La place du Trône est populaire, mais ce ne sont pas ces embellissements ni ces souvenirs qui sont restés dans la mémoire du peuple : ce sont les fêtes du 15 août, les fêtes du 14 juillet, et, par-dessus tout, la *foire au pain d'épices!* Oui, la place du Trône ne rappelle que la foire au pain d'épices, comme Saint-Cloud la *foire aux mirlitons.* Cette fête dure trois, quelquefois quatre semaines. Elle commence le lundi de Pâques. Le cœur de la fête est la place, mais elle s'étend partout dans les avenues et boulevards qui rayonnent alentour : elle a gagné jusqu'à la Bastille. L'imagination la plus fantasque, les calculateurs les plus habiles de l'Observatoire, ne sauraient supputer ce qu'il se vend de pain d'épices sous toutes les formes, sous tous les noms. Que de grands hommes, popularisés par l'imagination des fabricants, sont entrés en pain d'épices dans l'estomac insatiable des milliers d'enfants qui fréquentent cette foire! Quel est le gamin de Paris qui n'a dévoré quelques douzaines de Napoléon le Grand, de petit Thiers, de Gambetta ou d'autres célébrités, suivant son goût et ses opinions?

On va à la foire au pain d'épices pour acheter cette friandise peu appétissante; mais on en profite pour s'amuser; que voulez-vous : il y a mille occasions de dépenser ses pièces de deux sous! Les orchestres forains ont des tentations dignes du patron du faubourg; les saltimbanques s'égosillent; la femme à barbe a ses adorateurs; la belle Circassienne, Varsovienne, Hollandaise.

PONT DE L'ARCHEVÊCHÉ À PARIS

Tunisienne, Égyptienne (c'est toujours la même, le nom seul a changé), se fait palper pour dix centimes de supplément; les monstres, les lions, les tigres de Pezon, les physiciens, les chevaux de bois, les lutteurs, les balançoires, les chemins de fer, tout cela va, vient, hurle, trépigne, chante, crie, fait un vacarme d'enfer qui fascine la multitude. Et les boutiques de jouets, les tourniquets de macarons, les tirs où l'on gagne des lapins, les massacres des innocents, et, par-dessus tout, les loteries où l'on peut remonter son ménage! Prenez vos billets! prenez vos billets! Il n'en reste toujours que deux; quand ces deux derniers seront placés, il y en aura encore deux derniers. Vous serez sûr de gagner, avec de la persévérance, et pour un franc vous emporterez, triomphant, une tasse de cinq centimes ou, si vous êtes chanceux, un verre de deux sous!

Mais tout ce brouhaha finit par vous assourdir les oreilles; la poussière vous dessèche la gorge, les yeux vous cuisent, la migraine vous empoigne. Allons-nous-en bien vite.

L'arc de triomphe destiné à la barrière du Trône n'a jamais été construit : il faut nous en consoler. Qui en parlerait? Qui irait le visiter? Paris en compte quatre au moins; le peuple n'en connaît qu'un seul : l'Arc de triomphe de l'Étoile. Les autres sont des plus remarquables cependant, mais ils n'existent pas sous ce nom magique. Celui de la porte Saint-Denis et celui de la porte Saint-Martin ne servent qu'à des plaisanteries rabelaisiennes. Le Parisien n'y voit que des portes sans battants par lesquelles l'air peut circuler librement. L'arc du Carrousel, malgré son quadrige en bronze, œuvre de Bosio, malgré la statue de femme qui commença par figurer la Restauration en 1828, puis la Charte en 1830, et rien du tout aujourd'hui, comme une comédienne qui remplit plus d'un rôle sous le même costume, l'arc du Carrousel, dis-je, reste inaperçu de la foule des passants; il paraît mesquin, ou, plutôt, il disparaît dans l'immensité de la place. On aurait dû le faire quatre fois plus large et quatre fois plus haut, ou bien le poser en face de la mairie du Ier arrondissement, dans l'alignement des grilles du Louvre, à vingt-cinq mètres en avant de la colonnade de Perrault. Ce que je dis là n'engage en rien : c'est une modeste appréciation personnelle. N'importe, quoi qu'on dise et quoi qu'on fasse, il n'y aura jamais à Paris qu'un seul arc de triomphe : celui de l'Étoile.

Jamais l'antiquité n'a construit de monument de ce genre comparable au nôtre. Il domine Paris; le premier poète du siècle l'a chanté; tout l'univers le connaît. Quand des milliers et milliers d'années auront passé sur nous et sur nos œuvres, l'Arc tout entier subsistera encore; il se dressera toujours jeune, toujours debout, comme ces vieilles pyramides qui durèrent autant que le désert qui les a vues s'élever, et contre lesquelles, pour parler le langage classique de nos pères, la faux du Temps viendra s'ébrécher, sans y laisser même une légère entaille.

Victor Hugo a prédit l'éternité à l'Arc de triomphe, et, selon le poète, il partagera cette éternité avec deux autres monuments : Notre-Dame et la colonne Vendôme. Un jour viendra où Paris disparaîtra de la surface de la terre; c'est du moins l'opinion du poète. Tant de cités des temps antiques, grandes, florissantes comme Paris, sont passées ne laissant qu'à peine un souvenir! Paris se taira.

> Il se taira pourtant après bien des aurores,
> Bien des mois, bien des ans, bien des siècles couchés,
> Quand cette rive où l'eau se brise aux ponts sonores
> Sera rendue aux joncs murmurants et penchés...
> . . . .
> Quand de cette cité. . . . .
> Il ne restera plus dans l'immense campagne,
> Pour toute pyramide et pour tout panthéon,
> Que deux tours de granit faites par Charlemagne,
> Et qu'un pilier d'airain fait par Napoléon;
> Toi, tu compléteras le triangle sublime...

Le poète est toujours prophète : les événements parfois semblent démentir ses paroles; mais le temps finit par lui donner raison. La colonne Vendôme, dans un jour de folie, a été abattue de son piédestal, brisée en mille morceaux; on pourrait croire que ce souvenir de grandeur et de victoire, ce trophée du peuple plus encore que du souverain, était anéanti pour jamais, que les morceaux de bronze ne pourraient jamais se ressouder. Erreur; la prédiction du grand poète était là comme garantie du contraire. La colonne s'est relevée ; les trois points, non en ligne droite, ont été donnés de nouveau et le triangle a pu être reconstitué.

Quel sujet d'admiration pour l'étranger — et pour nous Français et Parisiens — à qui il est donné de contempler cette œuvre grandiose qui termine si majestueusement la belle promenade des Champs-Élysées et se dresse, gigantesque, au milieu de cette vaste place d'où rayonnent, comme une auréole, douze larges avenues! Son érection — en l'honneur de la *Grande Armée* — fut décrétée par Napoléon Ier après la bataille d'Austerlitz, le 18 février 1806. On avait ouvert un concours; divers projets furent présentés; quelques-uns étaient remarquables, mais aucun ne réalisait la pensée de l'empereur. Le gouvernement chargea les architectes Chalgrin et Raymond, membres de l'Institut, de faire de nouvelles études. Pour complaire à Napoléon, qui désirait voir l'œuvre mise rapidement à exécution, les architectes ne prirent pas le temps de dresser des plans complets; on commença immédiatement les travaux de fondation, et le 15 août de la même année, jour anniversaire de la naissance de l'empereur, on posa la première pierre, sur laquelle on mit cette inscription : « *L'an 1806, le quinzième d'août, jour de l'anniversaire de la naissance de Sa Majesté Napoléon le Grand, cette pierre est la première qui a été posée. Le Ministre de l'intérieur, M. de Champagny.* »

Les constructions ne marchèrent pas sans difficulté. Des discussions s'élevèrent bientôt entre les architectes; chacun prétendait faire prévaloir ses idées. Chalgrin voulait décorer de trophées les faces du monument; Raymond proposait une décoration de colonnes isolées. Ce fut Chalgrin qui eut raison et fut nommé seul architecte, le 31 octobre 1808. Il ne jouit pas longtemps de cet honneur, car il mourut le 20 janvier 1811. Le monument ne s'élevait encore qu'à cinq mètres du sol. Un de ses élèves, Goust, lui succéda et se fit un devoir de suivre exactement les plans de son maître; la construction était arrivée à la hauteur de l'assise destinée à recevoir l'imposte du grand arc et les petits arcs venaient d'être bandés, lorsque les événements de 1814 suspendirent brusquement les travaux.

On conçoit facilement que la Restauration ne mit pas grand empressement à continuer le monument; la rumeur publique alla même jusqu'à lui attribuer l'intention de démolir les constructions déjà si avancées : on ne fit qu'enlever les échafaudages. Les guerres d'Espagne fournirent l'occasion de reprendre l'idée napoléonienne, en la modifiant. L'empereur voulait rendre hommage à la Grande Armée, le roi voulut faire servir le monument à perpétuer le souvenir des campagnes du duc d'Angoulême qui s'était couvert de gloire devant Cadix. Goust fut appelé à reprendre les travaux, et on lui donna pour coadjuteur l'architecte Huyot qui fut chargé spécialement de la partie décorative. Mais ce dernier ayant voulu substituer ses plans aux plans primitifs fut prié de se retirer, et on le remplaça par une commission administrative composée de quatre architectes : Fontaine, Debret, Labarre et Guy de Gisors. Cette commission approuva les projets de Chalgrin et maintint Goust à la tête des travaux. L'Arc de triomphe s'éleva ainsi jusqu'à la première assise de l'architrave de l'entablement.

Réintégré en 1828, Huyot se trouva seul architecte en 1830, époque de la retraite de Goust. Il fit exécuter le grand entablement, la voûte ogive destinée à supporter le dallage supérieur et la sculpture d'ornement de la grande voûte. Il avait fait faire les modèles d'une frise représentant Charles X recevant les corps de l'armée, et le duc d'Angoulême recevant les autorités de la Ville.

Lors de son avènement au trône, Louis-Philippe décida qu'on rendrait au monument sa destination primitive et qu'il serait consacré à la gloire des armées françaises depuis 1792.

En 1832, l'architecte Blouet fut appelé à l'honneur de terminer le colossal édifice qui fut inauguré le 29 juillet 1836. Les dépenses de la construction s'étaient élevées à 9.651,185 francs. Quant aux dimensions, jamais monument de ce genre n'en a atteint d'aussi considérables : l'Arc de triomphe a 49^m,55 de hauteur; 44^m,82 de largeur, et 22^m,10 d'épaisseur. Les fondations ont 8^m,375 de profondeur au-dessous du sol.

LE DÉPART.

Dessin de A. Brun, d'après le groupe de Rude à l'Arc de triomphe de l'Étoile.

L'Arc de triomphe a été splendidement décoré : les plus grands artistes ont tenu à honneur de travailler à ce monument qui devait inspirer leur génie. Pradier a sculpté dans les quatre tympans du grand arc des figures de Renommées : deux sonnent de la trompette, les deux autres tiennent des couronnes de laurier.

Au milieu de chaque pied-droit s'élève un piédestal avec base se prolongeant sur les faces latérales et sous le grand arc jusqu'au renfoncement des petits arcs. Les deux piédestaux qui regardent Paris sont surmontés de groupes allégoriques : l'un, celui de droite, représente *le Départ* (1792), et l'autre, *le Triomphe* (1810).

Le Départ est dû au ciseau de Rude, c'est le morceau capital de l'Arc de triomphe; cette œuvre seule suffirait à immortaliser le nom de l'artiste. Le Génie de la guerre tient un glaive d'une main, de l'autre il montre le drapeau national et appelle les Français aux armes contre l'invasion étrangère; cette figure qu'on pourrait prendre pour la personnification de *la Marseillaise* est superbe de fougue et de colère; ses yeux ont une expression terrible, sa bouche grande ouverte pousse le cri d'alarme :

> Aux armes, citoyens! Formez vos bataillons!
> Marchons! Marchons!
> Qu'un sang impur abreuve nos sillons!

Les ailes du génie sont déployées, et tout son corps se porte en avant par un mouvement violent, mais d'une énergique justesse. Son appel n'a pas été vain; des guerriers de tout âge sont accourus à sa voix. Celui qui occupe le milieu du groupe a une attitude superbe : c'est un chef, il agite son casque pour entraîner à sa suite les défenseurs de la patrie; un adolescent se tient serré contre lui; il le suivra jusque dans la mêlée sanglante. A droite, un homme d'un âge mûr, coiffé d'un casque, a déjà tiré son épée et se met en marche. Un vieillard, trop âgé pour combattre, l'excite à vaincre ou à mourir. A gauche, un guerrier se penche pour tendre son arc; derrière, on en voit un autre revêtu d'une cotte de mailles et sonnant de la trompette; derrière encore et plus près du centre de la composition, un jeune cavalier retient par la bride son cheval qui s'emporte.

Ce chef-d'œuvre respire la vie, le mouvement, l'entrain, la furie des combats : il est tellement vigoureux, tellement animé, que le spectateur dont les regards sont fixés sur le groupe se fait bientôt illusion et s'imagine voir tous ces personnages gigantesques sortir du piédestal, se mettre en marche et courir à la bataille.

L'émotion dont tout cœur de citoyen ne peut se défendre devant le groupe de Rude, laisse un peu dans l'ombre les trois autres qui pourtant méritent une part d'admiration, et ne sont pas indignes du célèbre monument.

Le groupe de gauche, œuvre de Cortot, représente *le Triomphe* (1810). Au milieu de la composition, l'Empereur est debout, vêtu d'une chlamyde et tenant dans la main gauche une petite épée rentrée au fourreau. A droite, se tient la Victoire qui le couronne; à gauche, l'Histoire écrit sur ses tablettes les mots : Pyramides, Marengo, Austerlitz; au-dessus du groupe, la Renommée plane et sonne de la trompette.

Sur la face qui regarde Neuilly se trouvent aussi deux groupes : l'un représente *la Résistance* (1814) et l'autre symbolise *la Paix* (1815). Ces deux œuvres, d'un grand style, font le plus grand honneur à l'artiste, M. Étex, dont elles ont consacré la réputation.

Toutes les autres décorations nous semblent dignes de l'Arc de triomphe. Les noms des victoires et des batailles — qu'elles aient été remportées ou gagnées sous la République ou sous l'Empire — ont été gravés sur le monument. Avec les noms des victoires on a rappelé ceux qui ont contribué à les remporter. On a inscrit trois cent quatre-vingt-quatre noms de généraux en chef, maréchaux, généraux de division, etc. C'était là vraiment un livre d'or, et les fils de ces glorieux soldats devaient être fiers de voir le nom de leurs pères exposé de la sorte aux regards et à l'admiration de la postérité. Aussi le poète dont nous avons cité les vers destinés à vivre

PROJET DE DÉCORATION POUR LE COURONNEMENT DE L'ARC DE TRIOMPHE.

Dessin de Ch. E. Wilson, d'après la maquette de J. A. J. Falguière.

autant que le monument lui-même, en ne lisant pas le nom de son père sur l'Arc de triomphe,
disait-il en terminant son ode sublime :

> . . . Sous ta grandeur je me couche effrayé,
> J'admire, et, fils pieux, passant que l'art anime,
> Je ne regrette rien devant ton mur sublime
> Que Phidias absent et mon père oublié.

La France ne pouvait pas laisser passer, sans l'écouter, l'éloquente réclamation du poëte;
elle y a fait droit et le nom du général Joseph-Léopold-Sigebert comte Hugo figure aujourd'hui
parmi ceux de ses braves compagnons d'armes.

CASCADE DU PALAIS DU TROCADÉRO.
Gravure de J. J. Puyplat, d'après le dessin de H. Toussaint.

Une question est restée longtemps pendante ; il manquait quelque chose à la magnificence,
à la splendeur de l'Arc de triomphe. Victor Hugo avait encore dit :

> Non, tu n'es pas fini quoique tu sois superbe!
> Non!...
> A ta beauté royale il manque quelque chose!

Dans la pensée du poëte, c'était ce cachet mystérieux, d'une mélancolie majestueuse, qu'im-
priment les siècles amoncelés aux constructions humaines, cette sérénité de la vieillesse qui fait
les monuments et impose à tous ce respect, cette vénération religieuse qu'on ressent en face du
passé et qui vous force à vous découvrir comme en présence de la Divinité. Ce que le poëte
désire viendra un jour; nous ne le verrons pas; nos enfants non plus; mais ceux qui seront pour
nous la postérité comme nous le sommes pour les architectes de Ninive et Babylone, de l'antique
Hellade ou de Rome la païenne, viendront rêver devant le monument parisien et s'efforceront de
reconstituer avec ces pierres notre grand passé. Mais nous, nous avons donné aux vers du poëte
un autre sens et nous pensions que jusqu'à présent l'Arc de triomphe n'était qu'un édifice sans
couronnement. Bientôt cette lacune n'existera plus. D'énormes échafaudages depuis cinq ou six
mois surmontent l'Arc de l'Étoile. Ils vont disparaître peu à peu, et, peut-être, au moment où

l'on pourra lire ces lignes, le public admirera le beau groupe de M. Falguière, groupe dont la maquette a été exposée au Salon des Arts décoratifs, et qui symbolise notre France toujours debout, appuyée sur le drapeau national.

La superbe composition de M. Falguière est digne en tout point du monument qu'elle couronne : elle a trouvé le seul emplacement qui pouvait lui convenir. L'artiste a su proportionner son œuvre à l'édifice. Le promeneur qui monte lentement la grande avenue des Champs-Élysées

LE BŒUF. (PALAIS DU TROCADÉRO)
Dessin d'Auguste Cain, d'après son bronze doré.

verra se dessiner peu à peu ce groupe colossal; à mesure qu'il avancera, la belle et imposante figure de la *Patrie* se montrera plus nette à ses regards; à quarante mètres, tous les détails de l'Arc de triomphe et de l'œuvre de M. Falguière s'offriront harmonieux et précis à son admiration. Et si, par hasard, quelques nuages, chassés rapidement par le vent, viennent à passer au-dessus de l'Arc de triomphe, le spectateur croira voir les chevaux s'agiter, se mettre en mouvement sous les mains de la France et emporter avec eux le monument tout entier.

Voulez-vous maintenant escalader les hauteurs de cet Arc triomphal, l'ascension en est pénible; mais comme vous en serez récompensé par le panorama magnifique qui va se dérouler autour de vous! Du côté du nord, la butte Montmartre, si populaire parmi les Parisiens; de l'autre côté, la campagne qui nous montre ses mille paysages charmants et variés, aussi loin que la vue peut s'étendre, c'est-à-dire cinq à six lieues et parfois davantage. Tâchons de nous reconnaître un peu. Voici les coteaux de Sèvres et de Ville-d'Avray, le parc de Saint-Cloud, vert de son magnifique château; les hauteurs de Marly, Neuilly, Courbevoie, Suresnes; partout des sites riants et splendides; la Seine qui se développe en serpentant comme un long ruban, à travers des champs de verdure et de frais bocages semés d'élégantes villas; à nos pieds le bois de Boulogne. Puis regardons du côté de Paris : la ville entière est sous nos yeux; les monuments semblent se coudoyer; tout en bas, les fourmis humaines vont, viennent, se croisent en tous sens, et l'on songe que c'est cette infime créature qui élève des monuments si sublimes, et que ces merveilles de pierre ont été bâties dans son cerveau avant de jaillir ainsi sur l'emplacement qu'elle leur a destiné !

Du haut de cet Arc nous distinguons, presque à côté de nous, les deux sveltes colonnes du Trocadéro. Des magnifiques palais, grands comme des villes, destinés à recevoir les produits du monde entier à l'Exposition universelle de 1878, voilà tout ce qui reste. Les toits, les dômes superbes qui abritaient les œuvres des vivants ont tous disparu. Seul le temple des souvenirs antiques a survécu, le mausolée est encore debout. Est-ce une leçon? Nos œuvres à nous, hommes de la fin du xixe siècle, sont déjà mortes ou dispersées : les œuvres de nos aïeux subsistent, nombreuses et plus admirables qu'au jour de leur naissance; elles sont là, ou du moins, elles s'étaient donné rendez-vous au Trocadéro, pour nous apprendre à ne pas dédaigner un passé qui fut grand, un passé grâce auquel nous sommes ce que nous sommes aujourd'hui, et devant qui, souvent, nous devons constater notre infériorité.

Descendons jusqu'au Trocadéro; nous en sommes à deux pas. Ce point de Paris, il y a quatre ans, était rempli d'une multitude immense, composée de toutes les nations du globe; des millions d'hommes se pressaient dans ces allées de sable aux vertes bordures; ils y vivaient toute la journée, et la journée n'était pas assez longue pour fatiguer leur curiosité; le corps seul était lassé. Aujourd'hui quelle solitude! quel silence! Ces pelouses, ces bosquets, ces rochers, ces bassins, tout cela ne s'anime plus! — A peine revient-il, de temps à autre, une fête triste, glacée, comme toutes les fêtes officielles : une fête qui fait songer aux autres! Voyez : l'herbe et les arbustes n'ont aucune fraîcheur; ils sont froids et humides; les animaux, énormes, immobiles, impassibles comme des dieux d'airain, ont l'air de garder quelque nécropole; ils ont, sous leur dorure, qui éblouit sans charmer, quelque chose de solennellement ennuyé : on dirait déjà ces divinités du vieil Orient, à qui pèse leur immobilité cent fois séculaire, et qui sont venues échouer dans les musées du Louvre. Quand la splendeur est passée, qu'importe le temps? Six mois, six siècles, six milliers d'années, c'est un chemin plus ou moins long pour arriver au même but.

Mon esprit tourne à la mélancolie; il me semble qu'il est temps de laisser le Trocadéro. Voici la Seine; la vue d'un fleuve égaie toujours la pensée. C'est pourtant l'image de la vie humaine : le flot qui passe ne revient jamais à sa source; il faut, bon gré mal gré, qu'il aille jusqu'à la mer où il se perd pour jamais.

Un bateau-mouche remonte la Seine : il y a sur la berge un ponton qui n'est pas submergé par les hautes eaux, je vais m'y rendre. Je n'ai rien de mieux à faire : une promenade en bateau, c'est une légère question de dix centimes, et un panorama des plus splendides. Que de gens à Paris ont une heure ou deux à dépenser et ne savent comment l'employer! Qu'ils fassent donc la traversée du Point-du-Jour au pont Napoléon; deux lieues au moins de rivière. Le spectacle se change à l'infini, et semble toujours plus admirable. Si vous l'avez vu une fois, vous voudrez le revoir cent fois encore.

Le bateau me semble plus bruyant que de coutume; mais je m'y installe quand même. Je trouverai bien une place qui me permettra de voir et d'admirer. Les passagers sont nombreux; ils ont pris leurs habits de fête : ce sont tout simplement les invités d'une noce joyeuse, qui se sont joints aux deux jeunes mariés et vont s'amuser à Paris. Ils sont tout entiers au plaisir; ils agissent en maîtres sur le navire et ils ont raison. Je ne les en blâme pas; mais si pendant

PALAIS DU TROCADÉRO.

Dessin de H. Toussaint.

quelques minutes leurs démonstrations éclatantes parviennent à me distraire, moi, qui ne suis pas de la noce, je finis par m'en lasser et je n'attends qu'une occasion pour remonter à terre.

Enfin, le patron du bord, le capitaine ou le conducteur, comme vous le voudrez, a crié deux ou trois fois : « Pont-Royal! Tuileries! » Je me lève. J'en avais assez des cris, des rires, des plaisanteries bruyantes des invités de la noce. Je descends à la hâte et je gravis en courant les vingt ou vingt-cinq marches qui conduisent au quai longeant le palais et le jardin des Tuileries.

Les Tuileries! quel sujet d'études! l'histoire, l'art, la philosophie trouveraient là, tour à tour, des volumes entiers à écrire, tant ce petit coin de Paris a vu de gloire, de misère, de bassesses, de splendeurs, de crimes et de vertus! Ce ne serait pas trop de l'éloquence d'un Bossuet pour faire voir, dans un seul monument, tout ce que les œuvres de l'homme peuvent avoir de plus florissant et en même temps de plus misérable!

BATEAUX-MOUCHES. — LA NOCE.

Le jardin des Tuileries retentit des cris joyeux de mille enfants; par-ci par-là les jeunes et pacifiques guerriers, originaires du Cantal ou du Finistère, flirtent (un mot qu'ils ne connaissent pas, s'ils pratiquent la chose), pour le bon motif ou pour l'autre, auprès des bonnes que nous envoient l'Alsace ou la Normandie. Ne les troublons pas. Arrêtons-nous plutôt en face de ce pavillon qui prête aujourd'hui ses abris — mal disposés — à la municipalité parisienne, en attendant une destinée inconnue! Laissons de côté les détails de l'architecture; ils sont merveilleux, sans doute; mais il y a quelque chose de plus merveilleux qui absorbe la contemplation tout entière, quelque chose qui n'est qu'un point dans la masse énorme de l'édifice, et qui pourtant vous fait rêver, vous fait sourire et des lèvres et de l'âme; une chose dont la grâce semble se refléter sur votre visage, au fond de vos yeux, comme dans un miroir! Voyez ce groupe charmant, idéal, divin, de *Flore entourée par les Amours!* Cette suave composition, un des chefs-d'œuvre, le chef-d'œuvre peut-être de Carpeaux, exécutée en haut-relief, couronne la fenêtre centrale de la façade du pavillon qui regarde la Seine. Flore étincelle de sourire, de jeunesse, de grâce un peu railleuse : elle appelle le baiser, comme une fleur fraîche et odorante. Elle est revêtue d'une

L'ÉCLUSE DE LA MONNAIE

simple écharpe qui flotte autour de ses formes luxuriantes où l'on voit circuler et le sang et la
vie. L'artiste l'a représentée accroupie, un genou en terre, sous un arbuste fleuri, dont ses deux
bras, qu'elle courbe gracieusement, soulèvent les branches flexibles. Un essaim joyeux de jolis

FLORE.
Dessin d'Auguste Lançon, d'après le groupe de Carpeaux au pavillon de Flore (Palais des Tuileries.)

Amours, pareils à de beaux papillons, s'échappent du feuillage, et la déesse du Printemps
applaudit à leurs jeux. C'est la vie, la gaieté, la grâce même que cette composition exquise!
C'est un rayon, c'est un sourire, c'est la jeunesse, c'est le printemps! C'est une œuvre essentiellement française; les Coysevox, les Coustou, les Pradier, l'oussent admirée et mise au rang
de leurs plus beaux ouvrages. Jamais le jeune et regretté maître ne s'est montré plus original,

plus séduisant, plus gracieux. Il ne manque à la Flore moderne que d'avoir été trouvée dans les
fouilles de quelque ville défunte de la Grèce ou de l'Asie Mineure, pour exciter l'enthousiasme
des vieux classiques de notre école. Mais non, cette œuvre est bien de notre époque; ce serait
un contre-sens dans l'antiquité; gardons-la pour la fin de notre xixe siècle. Elle a reçu déjà toutes
les consécrations : son auteur est mort; le public, ignorant ou connaisseur, s'est empressé de
l'adopter parce qu'il l'a comprise tout de suite. Enfin, lors de l'incendie du pavillon de Flore,
sous le préfectorat de M. Hérold, chacun s'abordait, anxieux, interrogeant à droite, à gauche, et
demandant : « Et la Flore de Carpeaux? » Du reste du palais, des dossiers de la ville, des
locataires du monument, il n'était pas question. « Et la Flore de Carpeaux? » Heureusement,
elle n'a pas eu à souffrir; on peut la contempler encore; elle sourit toujours au passant du quai,
au voyageur des bateaux et au rêveur solitaire qui reste en extase devant elle et finit par
s'imaginer que c'est pour lui que la déesse a fait tous ces frais de charmes exquis et de grâce
divine!

Ne quittons pas encore le palais des Tuileries, saluons quelques pas plus loin, dans l'axe du
pont des Saints-Pères, un chef-d'œuvre d'un autre genre. C'est une sculpture de l'auteur du
Gloria victis; le *Génie des Arts*, immense haut-relief qui remplace la figure équestre de
Napoléon III, par Barye, au-dessus des grands guichets du Louvre. La plupart des critiques
auxquelles le modèle, à terre, avait pu donner lieu, tombent d'elles-mêmes depuis que le bronze
est en place. Le *Génie des Arts* est un beau jeune homme entièrement nu, à la large poitrine,
à l'abondante chevelure pareille à celle des Apollons antiques. Il se présente de face, assis
comme un triomphateur sur sa monture ailée; il tient un flambeau dans sa main droite appuyée
sur le cou de Pégase qui semble bondir et emporter son cavalier dans les airs, vers le ciel que
de la main gauche lui montre le Génie par un geste superbe. Une jeune femme, symbolisant la
Paix, drapée avec toute la grâce d'une déesse antique, porte sur son épaule gracieuse un rameau
de laurier, emblème de la victoire définitive; elle précède le groupe, qu'elle regarde de profil;
son visage est doux et souriant, sa beauté sereine est celle d'une immortelle; elle glisse légèrement dans les airs comme ces créations divines de Virgile; il semble qu'elle va s'évanouir dans
les régions éthérées : *in tenues evanuit auras*. Le sculpteur a bien pris ses mesures : le groupe
est là à sa vraie place, il est en harmonie avec le monument grandiose qu'il décore. S'il m'était
permis d'adresser une légère critique à ce chef-d'œuvre, je dirais qu'il n'est pas sorti tout entier,
du premier coup, du cerveau du jeune maître. C'est une œuvre méditée. Le *Gloria victis* est
venu d'un seul jet : voilà pourquoi M. Mercié, bien qu'il ait grandi en talent, est toujours l'auteur
du *Gloria victis*.

L'autre bout du pont des Saints-Pères n'a pas en face de lui des palais ou des œuvres d'art;
mais si nous avions le temps, nous y recueillerions des sujets d'études tout aussi intéressants. Ne
nous arrêtons aujourd'hui qu'à une des spécialités commerciales — et bien modestes — de cette
partie des quais de Paris. Je veux parler des bouquinistes.

Le bouquiniste! encore une de ces industries qui ne fleurissent bien qu'à Paris; là seulement
elle a sa physionomie particulière, pittoresque, qu'on chercherait vainement ailleurs. L'empire du
bouquin, avec ses accessoires d'estampes et de médailles, s'étend principalement sur les quais
de la rive gauche, depuis le pont Saint-Michel jusqu'au pont Royal : il y a bien quelques
succursales de l'autre côté de la Seine, dans quelques vieilles rues de Paris et surtout dans le
quartier des Écoles. Mais là, le bouquiniste, le bouquineur et le bouquin n'ont pas de physionomie : ce sont des libraires, des acheteurs et des livres. Descendez sur les quais, au contraire,
quai des Augustins, quai Malaquais, quai Conti, quai Voltaire, sur les parapets, dans les boutiques,
partout les vieux marchands, les vieux clients, les vieux bouquins. Les quais de la rive gauche
n'auraient pas de raison d'être, s'ils n'avaient pour décor ces étalages poudreux, ces boîtes informes,
grises, vermoulues, sortes de cercueils où viennent s'entasser tant de chefs-d'œuvre inconnus,
éclos dans le cerveau d'un poète, d'un romancier, d'un philosophe; chères pages caressées avec
amour, qui firent germer tant de beaux rêves, et qui promettaient à leur auteur de lui ouvrir

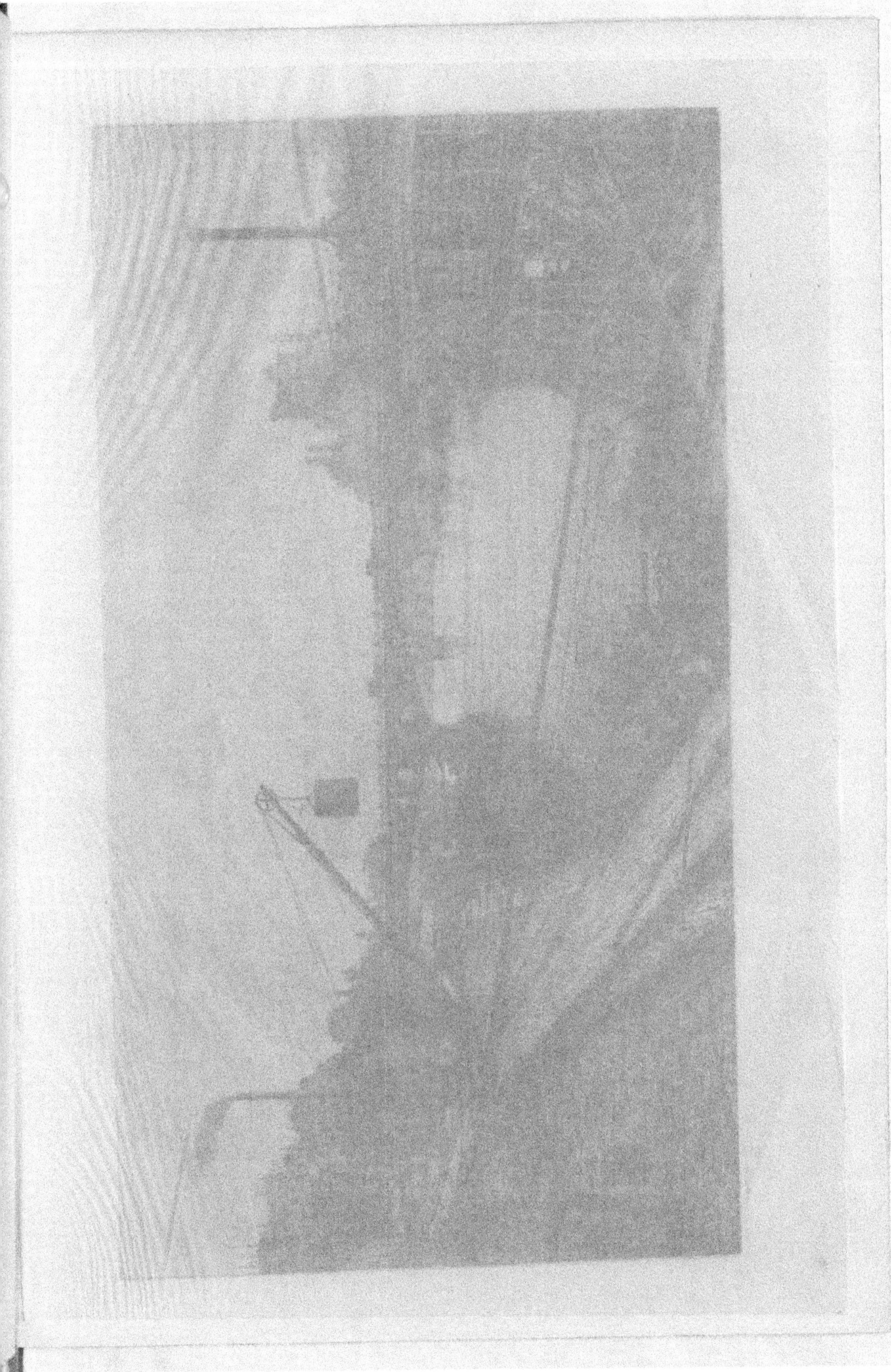

LE GÉNIE DES ARTS.

Dessin de SAINT-ELME-GAUTIER, d'après le groupe de MERCIÉ (Fronton du nouveau Louvre).

toutes grandes à deux battants les portes de l'Institut. Hélas! l'Institut, le voici, là en face!
Pauvres œuvres, elles se sont arrêtées en route! deux pas de plus, elles arrivaient!

Mais consolez-vous, rêveurs inconnus ou méconnus! Le confrère d'en face, l'immortel, en
s'arrêtant lui aussi devant cette nécropole du livre, peut reconnaître, au fond d'un casier sordide,
son livre, tant prôné jadis, ce livre qui lui a ouvert les portes de l'immortalité, c'est-à-dire de
l'Académie, orné encore de la flatteuse dédicace revêtue de sa signature autographe, adressé
naguère à quelque haut personnage, à quelque belle dame! Vanité des vanités! comptez donc sur
la gloire! comptez sur l'amitié! Vous espérez que votre livre fera battre le cœur du lecteur, fera
rêver l'âme d'une blonde lectrice, et au lieu de le retrouver sur la table d'un salon, sur la toilette
du boudoir, vous le voyez, les feuilles vierges encore du couteau, dans la boîte à deux sous!

Chassons ces lugubres pensées, et contemplons avec respect les faces plus ou moins vénérables
des indigènes de ces lieux. Quel bon type à esquisser que celui du bouquiniste! Le bouquiniste
a vieilli avec ses livres : il a fini par leur ressembler. Voyez cette face antique, parcheminée:
il est vieux, usé, ridé, plissé, ratatiné, écorné aux angles. Son crâne dénudé est généralement
recouvert d'un bonnet de soie noire que surmonte une casquette à large visière; il est petit et
grêle; pour protéger son corps chétif et voûté, il s'enveloppe dans un petit manteau râpé, cente-
naire et sans couleur bien déterminée; le cuir épais de ses mains calleuses est abrité dans des
gants de tricot, grossiers et verdâtres. Quelque temps qu'il fasse, il est là, solide au poste, se
promenant devant son étalage, s'arrêtant parfois pour remettre en place un livre dérangé par un
curieux; battant la semelle pendant l'hiver, grelottant, la roupie au nez, qu'il essuie de temps en
temps tantôt du revers de sa manche, tantôt d'un large mouchoir de coton à carreaux rouges et
bleus, maculé de grains de tabac. Le bouquiniste du temps passé n'était pas lettré : il savait
à peine lire et écrire, tout juste assez pour déchiffrer les titres de ses bouquins. Pour lui le livre
n'était qu'une marchandise, à deux sous, à cinq sous, à dix sous, à vingt sous. Cela dépendait
de la grosseur, du format, de la conservation, de la reliure : les plus gros étaient les plus chers;
les mieux reliés avaient le plus de valeur. Aussi, dans ce temps-là, le bouquineur pouvait faire
d'excellentes affaires: tout en flânant, tout en furetant, il avait quelquefois la chance de tomber
sur un Elzevier, sur un Alde-Manuce, sur un incunable. Il arrivait, cependant, que le bouquiniste
savait apprécier sa marchandise. J'ai lu quelque part, étant enfant, une anecdote qui m'est restée
dans la mémoire. La voici :

Au coin du pont des Arts, juste en face de l'Institut, s'était établi un vieux petit bonhomme,
cassé, voûté, ridé, en tout semblable au portrait que nous venons de tracer; mieux réussi encore
que ce portrait. Un jour, Charles Nodier allait de bouquiniste en bouquiniste, cherchant à
compléter certaine collection à laquelle il attachait beaucoup de prix. Il avise dans une des cases
de notre vieux marchand un livre à la découverte duquel il marchait depuis longtemps : c'était
un Schrevelius, édition de Leyde, 1671. Il l'ouvre, l'examine, jette un coup d'œil sur le bonhomme,
juge à qui il a affaire, et lui dit sur un ton d'insouciance :

— Eh ! brave homme, combien ce bouquin ? je vous en offre trente sous.

— Un bouquin! Trente sous! riposte le vieillard; — et une sainte indignation se peint sur
son visage. — Un bouquin!... Mais, Monsieur Nodier...

— Comment ! vous savez mon nom?

— Oh ! Monsieur, qui ne connaît le nom du savant, du spirituel et gracieux académicien
auquel nous devons tant de charmantes choses?

Charles Nodier, visiblement flatté, regarda le bonhomme avec intérêt et curiosité.

Celui-ci continua :

— Trente sous! Monsieur Nodier! Un bouquin, ce Schrevelius! Mais cette édition des
Variorum, pour être moins recherchée que celle d'Amsterdam de 1684, n'en est pas moins
remarquable; elle ne mérite pas le dédain que vous affectez pour elle. Je ne vais pas jusqu'à
prétendre qu'elle soit comparable aux éditions aldines données à Venise en 1501, et que.....

Étonné d'entendre le bouquiniste parler de la sorte, Charles Nodier lui adressa une foule
de questions bibliographiques auxquelles le vieillard répondit avec une érudition infaillible qui

confondit notre académicien. Heureux de trouver un véritable savant sous le manteau graisseux
du brocanteur de livres, Nodier lui demanda son opinion sur une nouvelle édition de Juvénal que
venait de donner M. Achaintre, le premier latiniste de l'époque... Le vieillard paraissait confus et
embarrassé.

— Eh quoi! Monsieur, dit Nodier, ne connaîtriez-vous pas ce véritable monument qui fera
crever de jalousie les philologues germains?

— C'est que, Monsieur, répondit le bonhomme de plus en plus embarrassé, c'est que c'est
moi qui suis Achaintre!...

Oui, c'était Achaintre, le savant latiniste, un des meilleurs hellénistes de son temps, éditeur
des plus érudits, traducteur des plus consciencieux; il vendait de vieux livres sur le quai, en face
de l'Institut où étaient assis bien des savants qui ne le valaient pas. Mais Achaintre aimait à
boire, il était devenu sourd, et cette infirmité qui aurait dû exciter l'intérêt du ministre, M. de
Fontanes, en sa faveur, fut cause qu'on l'oublia complètement, jusqu'à sa mort arrivée en 1830.

LES BOUQUINISTES.

Achaintre, du reste, était une exception; de son temps surtout. La plupart des bouquinistes
dont les bouquins trônent sur les parapets du quai sont de rusés Normands qui jugent de la
valeur de leurs marchandises d'après ceux qui les marchandent. Un bouquiniste ne manquera
jamais de regarder dans vos yeux, et il surprendra le désir que vous avez de posséder un livre,
à un geste involontaire, même à une indifférence affectée : il le taxe à proportion de l'intensité
de votre désir : bien souvent c'est un fin diplomate que ce rusé marchand de livres.

La clientèle ordinaire des bouquinistes se compose de tous les promeneurs, de tous les
flâneurs, de tous les oisifs et badauds qui s'arrêtent devant les cases pour tuer le temps. Ceux-là
sont de mauvais clients; ils fouillent dans les boîtes, ouvrent les volumes, parcourent quelques
lignes, regardent les images, et ne remettent rien en place. Quelquefois le marchand grogne, le
plus souvent il ne dit rien... Rien à faire avec ces gens-là : mieux vaut le bouquineur; avec
celui-là, du moins, on peut causer, on peut s'entendre. Tous les jours, qu'il pleuve, qu'il vente,
qu'il fasse chaud, qu'il fasse froid, le bouquineur fait sa tournée habituelle, à la recherche d'une
rareté, d'une curiosité, d'une brochure quelconque qui complétera une collection commencée depuis

vingt ans, trente ans peut-être. Qui ne se rappelle, au moins de nom, Boulard, le fameux Boulard, qui de notaire se fit bouquineur; qui achetait partout des livres, sur les quais, à l'hôtel des ventes, chez les marchands de bric-à-brac; il en amenait chaque jour par charretées chez lui; son hôtel en était plein de la cave au grenier?

> L'âge n'avait en rien apaisé ses ardeurs.
> Trente mille bouquins meublaient sa nécropole,
> S'il n'eût fallu payer à Caron son obole,
> Il eût cédé la place à ses envahisseurs.

Citons encore pour mémoire *l'éminent* bouquineur Parison, le roi des bouquineurs. Un jour il lui arriva de trouver sur le quai, pour dix-neuf sous, un exemplaire du *Jules César*, de Plantin, édition de 1570, in-8°, terminée par un portrait de ce grand conquérant, tracé de la main même de Montaigne. Cette trouvaille fut vendue, plus tard, 1,500 francs.

J'avais fini ma promenade sur les quais; j'emportais sous mon bras quatre ou cinq volumes dont je n'avais pas besoin, mais que j'avais achetés à certains bouquinistes, par reconnaissance pour quelques renseignements précieux qui devaient m'être parfaitement inutiles. Ma montre marquait deux heures moins le quart. J'étais sur le pont de la Concorde. Une foule énorme stationnait depuis la place jusqu'aux abords d'un monument qui me semblait échappé de l'antique Athènes. — Quel est cet édifice? Moi, Parisien depuis vingt ans, je ne suis jamais allé jusque-là ou du moins je ne l'avais pas remarqué. En vérité, je suis un nouveau Robinson; je marche de surprises en surprises. Ne riez pas, je vous en supplie. Nous sommes comme cela huit cent mille à Paris qui ne connaissons pas Paris. J'avise une bonne tête de vieillard, barbe vénérable, chapeau à larges bords; un air de bienveillance répandu sur toute la figure. Sans doute c'est un naturel du pays. Je l'aborde civilement, avec une certaine timidité qui m'est naturelle et qui généralement ne fait pas mauvais effet.

— Monsieur, lui dis-je en m'inclinant; tout m'annonce que vous n'êtes pas étranger à ces parages; vous pouvez me renseigner. Quel est cet édifice? Serait-ce par hasard un temple de Minerve?

Il se mit à sourire...

— Minerve, cher Monsieur, me répondit-il, n'a rien à faire ici : Pallas? peut-être; mais la déesse de la sagesse?... il y a longtemps qu'on l'a exilée de céans. A peine son effigie se voit-elle dans les antichambres.

— Très bien, Monsieur, repris-je; tout cela est bel et bon; mais vous me pardonnerez mon insistance. Si j'habitais Dunkerque ou Bayonne, je connaîtrais déjà ce palais des pieds à la tête; mais je suis Parisien et... vous comprenez...

— Oui, fit-il en souriant, oui, je comprends. Eh bien, bénissez le hasard qui vous a fait me rencontrer. Je suis tout justement un habitant de l'endroit.

— Ah! vraiment!

— Oui, Monsieur; je suis député.

Il scanda ce mot dé - pu - té d'une façon si prodigieuse que je me découvris.

— Député, oui, cher Monsieur, je vous représente pour une sept cent cinquantième partie environ.

— Alors, Monsieur le député, ce... palais?

— Est le palais Bourbon.

— Bourbon? mais nous sommes, je crois, en République; ce nom, légèrement réactionnaire, me semble...

— Il vous semble mal, cher Monsieur. Le nom, du reste, ne fait rien à la chose; palais Bourbon, ou Corps législatif, c'est identiquement semblable.

— Pourquoi Corps législatif?

— Parce que c'est l'Arsenal des lois. C'est là, Monsieur, qu'on fait, défait et refait les lois; vous nous envoyez pour cela à l'Assemblée nationale.

— L'Assemblée nationale?

— La Chambre des députés, si vous aimez mieux. Voilà quarante ans, Monsieur, que la confiance de nos concitoyens m'honore de son choix; quarante ans que j'ai l'honneur de représenter le département de Saône-et-Garonne!

— Veuillez, Monsieur, agréer toutes mes félicitations, pour vous et pour le département que vous représentez si dignement.

J'avais fait sa conquête; aussi me sourit-il gracieusement.

— Nourri dans le sérail, continua-t-il, j'en connais les détours : j'ai débuté à vingt-six ans; et, je m'en flatte, Monsieur, mes principes n'ont jamais varié.

— Ah! c'est beau! c'est grand, Monsieur.

— Oui, Monsieur, depuis quarante ans j'ai toujours appartenu à la majorité. Aussi pas un garçon de bureau, pas un huissier, pas un employé que je n'aie vu naître à la vie administrative et qui ne m'honore à l'égal d'une des pierres angulaires de l'édifice.

— Monsieur, lui dis-je, je vous vénère de même à l'égal du monument, qui pourtant ne me semble pas remonter aux Pyramides.

— Aux Pyramides, non certes. Mais enfin il date de 1722, ou à peu près, et ce fut un architecte italien, Gérardini, qui, sur les ordres de la duchesse douairière de Bourbon, en commença les constructions.

— Ah! et pourquoi un architecte italien?

— Parce que nous avons en France d'excellents architectes, supérieurs à ceux des autres pays; mais ils ont un défaut, ils ne sont pas étrangers; et, à mérite inégal, on préfère toujours le médiocre Italien au bon Français : si encore celui-ci était Polonais?

— Très bien; c'est différent; continuez, je vous prie : je m'instruis étonnamment avec vous.

— Or donc, la duchesse en question voulait un hôtel qui dominât le fleuve. Elle le voulait, on lui obéit. Mais le nouveau palais n'avança que très lentement. La duchesse avait d'autres préoccupations : elle fit construire en même temps, tout près de là, un petit hôtel pour son ami le marquis de Lassay, dont elle tenait à ne pas rester trop éloignée; les deux habitations communiquaient par un passage souterrain. En 1770, le prince de Condé, petit-fils de la duchesse, réunit à l'édifice l'élégant hôtel de Lassay, qui sert aujourd'hui de demeure au président de la Chambre, acheta tous les terrains compris entre le quai, la rue de Bourgogne et le marais des Invalides; puis il fit exécuter des travaux d'embellissement qui ne furent terminés qu'en 1789. Tous ces travaux représentaient un chiffre énorme : la duchesse avait dépensé vingt-deux millions; le prince dut débourser 16,500,000 francs. En 1790, le palais Bourbon devint propriété nationale; dans sa séance du 27 ventôse an II, la Convention décréta que le palais, sous le nom de *maison de la Révolution*, serait consacré à la commission des travaux publics et mis à la disposition des citoyens commissaires Fleuriot-Lescot, Dejean et Camus; un décret de l'an III (1795) désigna la maison de la Révolution pour lieu des séances du Conseil des Cinq-Cents récemment organisé. A la même date, le palais Bourbon eut l'honneur de servir de berceau à l'École polytechnique qui venait de naître. Je ne veux pas, Monsieur, abuser de votre bienveillante attention; je vais abréger, car l'heure de la séance approche; et je me pique d'exactitude.

Depuis cette époque, notre palais a toujours conservé un caractère politique. En 1804, Napoléon Iᵉʳ donna l'ordre de construire, du côté du quai, la façade monumentale qui fut terminée en 1807, sur les dessins et sous la direction de l'architecte Poyet. Ce magnifique péristyle, celui que nous admirons encore aujourd'hui, se compose de douze colonnes corinthiennes de grandes proportions, qui supportent un entablement et un fronton; en avant règne un perron de vingt-cinq degrés, divisé en deux rampes et large d'environ trente-trois mètres. Le bas-relief du fronton, qui a changé de nature autant que d'hôtes, représente *la France, entre la Liberté et l'Ordre public*. Ce bas-relief est dû au ciseau de Cortot.

La loi du 5 décembre 1814 restitua le palais Bourbon au prince de Condé; mais celui-ci permit aux députés d'y continuer leurs séances moyennant un loyer annuel de 124,000 francs. En 1827, le gouvernement acheta au prince une partie de sa propriété, au prix de 5,500,000 francs.

L'année suivante on en commença la restauration, dont les travaux coûtèrent à l'État plus de 4,420,000 francs. Enfin, en 1830, le duc d'Aumale, héritier du prince, céda le reste du palais pour une somme de plus de cinq millions. Si vous voulez bien calculer, Monsieur, vous verrez que notre palais nous revient à 18,440,000 francs, plus un loyer de 124,000 francs pendant seize ans. En 1832, une nouvelle salle de séances, due à l'architecte M. de Joly, fut inaugurée le 21 novembre. C'est encore celle où nous siégeons aujourd'hui.

Je sais beaucoup de choses, Monsieur, sur cette maison que j'ai quelque droit de considérer un peu comme la mienne. Regardez ce grand chemin, celui que suivent les cortèges officiels, c'est-à-dire, hélas! le chemin des révolutions, le pont de la Concorde, l'endroit de Paris qui a vu le plus de discordes; quand on vient de la place, on a en face le fronton dont je viens de vous parler. Cette façade du monument est séparée du quai par une grille en fer que bordent quatre piédestaux, surmontées de statues : on dirait quatre sentinelles gigantesques. Ce sont les statues de Sully, de Colbert, de l'Hôpital et de d'Aguesseau. N'allez pas juger, Monsieur, des personnages qui s'agitent à l'intérieur, par ces géants de pierre, graves, immobiles, impassibles, qui regardent couler la Seine, passer la foule, changer les gouvernements,

Sans frémir un instant sur leur base de pierre.

Ils sont muets aujourd'hui, mais ils ont gardé encore quelque chose de leur éloquence, et ils inspirent quelquefois à leurs successeurs, c'est-à-dire à nous, des réparties sublimes, des apostrophes véhémentes qui ont du retentissement jusque dans nos provinces. Un jour, le général Foy, s'adressant à M. de Serres, alors ministre de la justice, à propos de je ne sais quelle affaire, s'écria, aux applaudissements de ses collègues de l'opposition : « Monsieur, pour toute vengeance, pour tout châtiment, je vous condamne, lorsque vous sortirez de cette enceinte, à tourner les yeux sur les statues de L'Hospital et de d'Aguesseau. » Nous ririons aujourd'hui d'une pareille condamnation.

Au bas du grand escalier, vous pouvez admirer Minerve et Thémis. Vous le voyez, Monsieur, nous mettons la Sagesse et la Justice à la porte : elles n'en bougent pas. Cela ne veut pas dire que leur esprit ne préside pas, parfois, à nos séances. Tenez, encore un souvenir : c'est du haut de cet escalier que, le 4 mai 1848, l'Assemblée constituante proclama officiellement la République devant le peuple entassé sur le pont et sur les quais; parmi nous, sur la plus haute marche de l'escalier, resplendissait au soleil la blanche robe du père Lacordaire.

— Je vous remercie beaucoup, Monsieur le député, interrompis-je, de vos intéressantes explications; mais est-il facile d'examiner le palais à l'intérieur? Peut-on visiter quelquefois les — comment dirai-je? — les couloirs et les salles du monument que vous me décrivez d'une façon si intéressante?

— Ah! ah! répondit-il en tirant sa montre, je vous vois venir; vous allez me demander des billets de faveur?... Pardon, je vous prie; mais vous me comprenez. Eh bien, mon ami, suivez-moi : il est deux heures cinq minutes. Nous allons entrer en séance. Vous pouvez vous vanter d'avoir de la chance : je dois justement improviser un discours que j'ai composé durant nos vacances parlementaires : ma femme l'a recopié et je l'ai appris par cœur... C'est une interpellation *ex abrupto* à l'un de nos ministres à propos des affaires d'Araucanie. On en parlera, cher Monsieur, on en parlera.

— Je n'en doute nullement; j'en suis même certain. Est-il facile de venir écouter nos modernes Cicérons et Démosthènes?

— Oui et non : cela dépend. Quand un curieux, un provincial veut arriver ici, il tâche de se rappeler le nom de son mandataire et de lui faire parvenir sa carte. Il la donne à un premier huissier, qui la fait passer à un second, lequel la remet à un troisième. Il arrive parfois qu'il réussisse dans sa démarche. Alors il est introduit, avec cette politesse relative qui est l'apanage de l'employé français, dans la salle des Pas-Perdus, qu'on appelle encore salle de la Paix, à cause du bruit continuel qui y règne. Voici cette pièce : saluez en passant ce beau groupe en bronze du Laocoon. J'ai entendu dire jadis à un de nos anciens collègues que ce groupe est

l'emblème frappant de la corruption qui enlace dans ses mille anneaux inextricables le député...
officiel et ses deux fils, symbole du népotisme, dont l'un sera sous-préfet et l'autre receveur des
finances. Permettez-moi d'ajouter que ceci se passait sous l'Empire; aujourd'hui c'est bien différent.
Nos mœurs parlementaires se sont singulièrement améliorées depuis ce temps-là : vous pouvez
m'en croire.

De cette salle, vous passez dans celle des Quatre-Colonnes. Voici nos modèles : Brutus,
Solon et Lycurgue; nous tâchons de les imiter, et parfois nous y réussissons.

Je crus devoir m'incliner en signe d'assentiment : une simple politesse.

Il poursuivit :

— Si vous prenez ce long couloir, vous pourrez remarquer quelques-uns de nos illustres
prédécesseurs. Ils sont en marbre, heureusement pour nous. Celui-ci est Bailly, le savant qui
fut maire de Paris; puis voici Mirabeau, le grand Mirabeau, le général Foy et Casimir Périer,
l'ancien. Ce sont des noms et nous en sommes fiers : par bonheur, notre règlement intérieur ne
nous force pas à leur ressembler, sans cela...

— Pardon, mon cher député, si je vous interromps; mais quelle est cette église?

— Une église? Vous voyez une église ici?

Il se mit à rire, puis il reprit sur un ton prudhommesque :

— Vous n'avez pas tout à fait tort; ce n'est pas une église, mais c'est un temple : c'est
notre bibliothèque. On a vu quelquefois des députés s'y renfermer et fouiller dans les deux cent
mille volumes qu'elle contient. Elle a coûté 750,000 francs. Toute la menuiserie, qui est vraiment artistique, est en chêne de Hollande. Les peintures du plafond et des deux hémicycles
sont d'Eugène Delacroix. Parmi les pendentifs, vous pouvez admirer l'*Éducation d'Achille*, la
Captivité de Babylone, la *Mort de Sénèque* et les *Bergers chaldéens* : Orient, Grèce, Rome! Ce
que symbolisent ces peintures, ne me le demandez pas : c'est un secret qu'on ne m'a jamais
confié. Les décorations des hémicycles sont d'une grande puissance : l'une représente *Orphée
civilisant les Grecs*, l'autre *Attila foulant aux pieds l'Italie et les Arts*.

Cette belle salle, Monsieur, grande et déserte, a été faite en prévision des besoins de l'âme
et de l'esprit de vos mandataires : nous n'en abusons pas; mais à côté de ce *Trésor des
remèdes de l'âme*, comme disaient les anciens, les architectes du palais législatif ont cru devoir
établir une autre pièce d'une utilité incontestée, où le corps pût se réconforter et reprendre des
forces nouvelles pour développer quelque période éloquente : c'est la buvette. Quelle belle
question l'Académie des Sciences morales et politiques aura un jour à mettre au concours pour
ses grandes récompenses : *De l'influence de la buvette sur la bonne confection des lois!*

Ici mon honorable *cicerone* s'arrêta. Un bruit de pas cadencés se faisait entendre : c'était le
cortège de M. le président de la Chambre des députés. Parti de la galerie de la présidence, il
se rendait à la porte de la salle, en traversant une double haie de soldats. En tête, marchent
gravement, majestueusement, deux huissiers, habit noir, chapeau à claque sous le bras, chaîne
d'acier poli au cou, épée au côté; derrière eux s'avance le président, escorté d'un lieutenant et
d'un sous-lieutenant, puis viennent les secrétaires du bureau et le secrétaire général. Au moment
d'entrer, le président se tourne vers les deux officiers, les salue, et en reçoit le salut militaire.
Enfin, à travers deux lignes d'huissiers, il gagne sa place, monte au fauteuil, s'assied, et pose
son chapeau sous le bureau. Ce chapeau joue son rôle dans les séances, et dans les jours de
tempête, quand le président, enroué, n'a plus de voix pour dominer l'orage, il remet son chapeau
sur sa tête et la séance est close.

Le président est en place; les huissiers se dispersent dans toutes les parties du palais :
« En séance, Messieurs! crient-ils de toutes leurs forces; Monsieur le président est au fauteuil. »
Les députés ne s'en pressent pas plus pour cela; ils entrent les uns après les autres par deux
énormes portes en acajou massif, parsemées d'étoiles d'or; la salle forme un hémicycle; elle est
décorée de vingt colonnes de marbre blanc de Carrare; un vaste plafond vitré l'éclaire; les murs
sont en marbre rouge des Pyrénées et les dalles du parquet en marbre à veines bleues.

Ce qui attire d'abord les regards du public, c'est le bureau — j'allais dire le trône — du président, accosté de deux secrétaires; plus bas se trouve la tribune des orateurs; elle est en acajou : on dirait un comptoir; vraiment, elle n'est pas digne de la Chambre. A droite et à gauche sont les bureaux des sténographes, chargés de saisir au passage et de fixer à jamais l'éloquence de nos honorables, et jusqu'aux moindres interruptions, — pas toutes cependant. — Les sièges des députés, disposés circulairement et en amphithéâtre, se composent d'une banquette garnie de velours et rembourrée. Dix-sept séries de gradins desservent les dix rangées de banquettes. Chaque membre a devant lui un pupitre fermé, sur lequel il lit, il écrit, il tape de son couteau à papier, dans les grandes circonstances; c'est dans ce bureau qu'il renferme sa correspondance, son papier au chiffre de la Chambre, un exemplaire — aux feuillets non coupés — de la Constitution et du Règlement de la Chambre.

Les séances se suivent et ne se ressemblent pas : les unes sont animées, les autres sont joyeuses; d'autres passionnées, sombres, orageuses; le plus souvent elles sont ternes, monotones, endormies : ce sont justement ces dernières qui profitent le plus aux intérêts du pays; aussi sont-elles peu courues. Mais quand il y a des querelles de parti, des questions personnelles, c'est autre chose; les billets font prime, la salle est magnifique, les spectateurs en

SÉANCE DE LA CHAMBRE.
« Le député Lullé et le député Huon de Pennester, — celui qui a tant de peine à se taire M. de Tillancourt. »
Fac-similé d'un dessin à la plume de Jules Brisson.

parlent pendant huit jours. Généralement le commencement des séances est bruyant et la Chambre manque de tenue : on dirait des écoliers turbulents et indisciplinés. Les huissiers s'égosillent à crier : « Silence, Messieurs! » Leur voix se perd dans le tumulte général. Le bruit des conversations, les plumes qui courent sur le papier, le froissement des journaux qu'on lit ne cessent souvent qu'au moment où M. Brisson... pardon! M. le président donne la parole à un député illustre, à un orateur de renom.

Nous n'esquisserons pas les portraits de nos députés célèbres. MM. les huissiers ont la permission de vendre au public le plan de la salle des séances, avec l'indication des places occupées par les représentants. Grâce à ce plan le spectateur privilégié peut trouver à son banc le député de ses rêves, si toutefois il n'est pas en congé régulier ou irrégulier : ce qui, dit-on, arrive quelquefois. Espérons qu'un temps viendra où, entre deux discours, les huissiers pourront ajouter à la vente du plan de la salle celle des photographies des députés, avec quelques lignes de biographie. Je ne manquerai pas alors de faire l'acquisition du portrait de l'honorable représentant de Saône-et-Garonne, et je le conserverai précieusement en souvenir de ses bienveillantes explications.

Mais chut! Mon cher *cicerone* a la parole; il monte à la tribune; il tousse, il crache, il ouvre la bouche. Je me sauve.

Me voici de nouveau sur le quai. Dans ses détails artistiques, le palais Bourbon m'a semblé fort intéressant; pourtant j'ai hâte de le quitter; j'ai besoin de chercher dans Paris un monument plus approprié à mes goûts paisibles. Je m'achemine donc, tout rêveur, vers la rue Richelieu.

Avec le Musée du Louvre, avant le Musée, à la tête de tous les établissements utiles, nécessaires à l'humanité, doit se placer, à mon avis, la Bibliothèque nationale, la grande Bibliothèque. Que de savants y sont venus chercher les moyens de devenir plus savants encore! Que de romanciers, que d'auteurs dramatiques, en fouillant dans les siècles passés, ont découvert des romans *nouveaux*, des pièces *nouvelles*! Que de journalistes, livres et brochures en main, y ont composé de palpitantes actualités pour le numéro du lendemain! Que d'ignorants y ont trouvé l'instruction qui leur manquait! Tous les sacrifices que pourra faire un gouvernement, pour agrandir les locaux, pour augmenter le nombre des volumes, pour en faciliter la lecture, lui vaudront les applaudissements et la reconnaissance de la partie intelligente de la population : c'est-à-dire du plus grand nombre.

Résumons seulement en quelques mots l'origine de cette Bibliothèque, qui, suivant les époques, s'est appelée Bibliothèque du Roi, nationale, royale, impériale. On en fait remonter les commencements au règne de Charles V. Cela ne veut pas dire qu'avant ce prince les rois n'avaient pas de livres. Charlemagne, Philippe-Auguste, saint Louis en possédaient un nombre relativement considérable; mais ces livres, après la mort de leur propriétaire, allaient enrichir quelques abbayes, ou le cabinet de travail de quelque savant du temps.

Le roi Jean le Bon n'avait chez lui qu'une dizaine de volumes; à la mort de Charles V, on comptait déjà neuf cents manuscrits. Ce chiffre atteste que ce roi portait aux lettres un véritable intérêt. Du reste, l'histoire de son règne en fournit la preuve éloquente. Le gardien de ces trésors était Gilles Mallet, son valet de chambre, qui les fit déposer dans une tour du Louvre appelée *Tour de la Librairie*. Ce sanctuaire, comme un vrai temple de la divinité, était éclairé par trente petits chandeliers, au milieu desquels brûlait une lampe en argent. Gilles Mallet aimait ses livres; il les catalogua, il en dressa l'inventaire, et, d'après son estimation, ce trésor royal, plus précieux que celui des coffres-forts, valait 2,823 livres 4 sols. Malheureusement cette inappréciable collection disparut pendant le séjour des Anglais à Paris. Le duc de Bedford l'acheta 1,200 livres. Si quelqu'un est curieux de suivre l'histoire de ces manuscrits, il lui faudra lire et étudier l'ouvrage si savant, si intéressant de M. Léopold Delisle, à la garde duquel est confiée aujourd'hui la Bibliothèque nationale, ouvrage intitulé : *Le Cabinet des manuscrits de la Bibliothèque nationale* et publié par la Ville dans la fameuse collection de l'*Histoire générale de Paris.*

L'invention de l'imprimerie vint favoriser le développement de notre Bibliothèque. Louis XI protégea l'admirable découverte; François Ier, qui avait fait transporter à Fontainebleau les principaux ouvrages qu'il possédait au Louvre, ordonnait à ses ambassadeurs et aux savants de son époque de rechercher et d'acquérir tous les livres curieux et utiles. Le célèbre Guillaume Budé fut créé maître de la Bibliothèque du Roi. Il compta parmi ses successeurs des hommes illustres dans leur temps : Pierre Duchâtel, Mellin de Saint-Gelais, Pierre Montdidier. Alors les principales richesses de la Bibliothèque consistaient en manuscrits; en 1556, Henri II enjoignit par ordonnance à tous les libraires de fournir à chacune des bibliothèques royales un exemplaire sur vélin et relié de tous les ouvrages imprimés avec privilège du roi. C'était le dépôt légal. Malheureusement les guerres civiles et religieuses qui ensanglantèrent les règnes des derniers Valois empêchèrent cette utile ordonnance de recevoir une rigoureuse exécution.

Henri IV, devenu maître de Paris, se hâta de rappeler de l'exil les ouvrages détenus à Fontainebleau; il les fit déposer dans les bâtiments du collège de Clermont qui venaient d'être abandonnés par les Jésuites; plus tard, à la rentrée de ces religieux, on les transporta au couvent des Cordeliers. Sous Louis XIII, la Bibliothèque s'accrut énormément; une ordonnance de 1617 porte : « Qu'à l'avenir ne sera octroyé à quelque personne que ce soit aucun privilège pour faire imprimer ou exposer en vente aucun livre, sinon à la charge d'en mettre gratuitement deux exemplaires en la Bibliothèque du Roy. » Ce fut Louis XIV qui la rendit accessible au public.

Comme le couvent des Cordeliers était, depuis longtemps, trop exigu pour contenir la collection qui augmentait de plus en plus, Colbert fit l'acquisition de deux maisons, voisines de son hôtel, et y fit transporter les volumes en 1666; ils y restèrent jusqu'en 1721, époque où ils allèrent occuper le local qui les contient encore aujourd'hui et qui avait autrefois servi d'habitation au cardinal Mazarin.

La suppression des maisons religieuses, en 1790, accrut la Bibliothèque d'un grand nombre de manuscrits et de livres imprimés, la plupart très précieux, très bien soignés, et qui ont contribué, par leur appoint, à rendre notre Bibliothèque nationale la première du monde. Depuis lors, elle a progressé d'une manière étonnante. Avant la Révolution, sans compter les pièces détachées, on évaluait à 200,000 environ le chiffre des livres imprimés; ce chiffre dépasse aujourd'hui deux millions! Combien en compteront nos arrière-neveux?

Nous ne dirons rien du monument au point de vue architectural; ce point de vue est secondaire. Certes, jamais institution publique ne mérita mieux d'exercer le génie des artistes: architectes, peintres, sculpteurs; mais là, le contenu prime tout le reste, et tel petit bouquin excitera l'admiration plus que les statues ou les fresques qui décoreront le contenant. Au surplus, la Bibliothèque, déjà enrichie d'une vaste et lumineuse salle de lecture au rez-de-chaussée, va être l'objet d'accroissements et d'embellissements considérables, et nous espérons que le monument agrandi n'aura rien à envier à ce que les autres nations peuvent nous offrir en ce genre.

Il fait mauvais temps; pénétrons dans l'intérieur; laissons d'abord notre parapluie en échange duquel on nous donnera un numéro, tout comme au théâtre. Demandons un bulletin au garçon de salle qui se trouve à l'entrée et jetons un coup d'œil à droite et à gauche sur toutes ces têtes inclinées qui remplissent les nombreuses tables surchargées de volumes. Tout autour de l'immense carré, des rayons et des rayons, des livres et des livres; et ce qu'on voit n'est rien en comparaison de ce qu'on ne voit pas: ce ne sont que les plus demandés, les plus consultés, ceux qui sont d'un usage quotidien, et pourtant, à qui les voudrait lire entièrement, il faudrait peut-être huit à dix siècles! Que d'heures, que de veilles, que d'années de travail et de pensée représentent ces œuvres innombrables! Quelle merveille que l'esprit humain! Quel mystère que son cerveau! On reste sans voix, on tombe en extase, on devient fou devant les miracles de la création, à la vue de ces milliards et milliards d'étoiles qui ne sont même pas le premier point de l'immensité; mais il me semble que la stupéfaction, le saisissement est encore plus grand, lorsqu'on réfléchit à tout ce qui est sorti de sublime de la chétive cervelle de l'homme!

Nos lecteurs ne nous en voudront certainement pas de leur rappeler ici le tableau curieux et intéressant que M. de la Bédollière, dans son *Histoire du Nouveau Paris*, a tracé des habitués de la Bibliothèque:

« Ce public, dit-il, n'est pas toujours commode à satisfaire. Il se compose d'éléments hétérogènes et disparates, où le bon grain est mêlé à l'ivraie. Il faut mettre en première ligne les véritables savants, les gens de lettres sérieux qui se livrent à des recherches historiques et qui demandent aux ouvrages antérieurs des matériaux pour les livres qu'ils se proposent de faire. Dans leurs rangs se glissent quelques maniaques, qui poursuivent une idée avec acharnement, et travaillent depuis un temps immémorial à la confection d'un dictionnaire ou d'une histoire spéciale. On voit encore s'asseoir, dans la salle de lecture, des industriels qui veulent un renseignement sur un procédé quelconque, relatif à leur négoce; puis des ouvriers en blouse qui désirent s'instruire ou se perfectionner dans leur état. A côté de ces hommes recommandables, car on doit des égards à l'amour de la science, même quand il est exagéré, on trouvera dans la salle de lecture des lycéens externes, qui abrègent les difficultés d'une version grecque ou latine, en la copiant dans des traductions; des femmes de lettres que les lauriers de George Sand empêchent de dormir; des oisifs qui prennent n'importe quel volume pour tuer le temps; de pauvres diables sans asile qui sont charmés de trouver un abri pendant les mauvais jours; des novices qui entament un long colloque avec les donneurs de livres, pour connaître l'auteur qui a traité plus particulièrement le sujet sur lequel ils désirent être édifiés. »

Ne les raillons pas trop, pourtant, ces pauvres novices, en les voyant s'adresser, timides et

rougissants, à un homme sérieux, à un érudit en renom, qu'ils supposent capable de leur donner des
renseignements. Pour nous, cela nous semble très naturel. Un bureau de renseignements de cette
nature serait loin d'être inutile. Tous les employés et fonctionnaires de la Bibliothèque nationale
ne peuvent pas avoir la complaisance proverbiale de l'administrateur général qui met avec
empressement sa vaste érudition au service de qui la lui demande. Ce qui leur sert d'excuse,
c'est qu'ils n'ont pas le temps de répondre à toutes les questions qui leur sont adressées. Mais
ne pourrait-on pas le créer, ce bureau de renseignements? Il suffirait de quatre à cinq savants,
comme la Bibliothèque en compte tant, qui auraient pour mission d'éclairer ceux qui auraient
besoin de leurs lumières. Cette tâche délicate ne pourrait que les mettre en évidence et augmenter
la notoriété dont ils jouissent. Par exemple, je désire faire une étude comparée sur l'économie
politique; je voudrais consulter les différents écrivains anglais qui ont écrit sur la matière, le
catalogue ne me renseignera pas. A qui m'adresser? Ce bureau, peu coûteux, en somme, rendrait
d'immenses services à une foule de travailleurs.

RATS DE BIBLIOTHÈQUE.

La Bibliothèque a ses habitués; et c'est un curieux spectacle que cette grande salle, pour
celui qui veut faire des études de mœurs et de physionomies. Certains originaux sont devenus
légendaires. Qui ne se rappelle encore Il signor Carnaval qui, été comme hiver, portait des
vêtements couleur jonquille et ornait son chapeau d'une couronne de fleurs? Tous les jours, à la
même heure, il venait s'asseoir à la même place, consultait le même livre et n'adressait
jamais la parole à personne : du reste, il était doux, timide, inoffensif. Il signor Carnaval était
Italien. Il avait aimé éperdument une jeune fille; il avait été trompé dans ses espérances, et
il devint fou d'amour. Il s'était habitué à regarder la salle de lecture — l'ancienne — de la
Bibliothèque, comme sa propre demeure; chacun l'examinait avec intérêt et personne n'aurait
voulu lui causer la moindre contrariété.

Un autre type bien curieux, dont on a parlé longtemps, était un certain orientaliste, qu'on
nommait le Persan; depuis vingt-cinq ans, chaque matin, deux gros livres sous le bras, un
parapluie à la main gauche, il se glissait comme une ombre le long des murs de la rue de
Richelieu; il entrait à la Bibliothèque et venait s'asseoir devant une table chargée de livres

entassés les uns sur les autres. En place à dix heures du matin, il n'en bougeait qu'à quatre heures, l'heure réglementaire. Son accoutrement était remarquable : il portait une longue robe noire; son corps était maigre et décharné; son visage anguleux avait revêtu les tons d'un vieux parchemin; son nez long et mince était surmonté d'immenses lunettes qui oscillaient suivant les frémissements de ce nez extrêmement mobile. Ce brave Persan travaillait assidûment à un dictionnaire franco-turc. Chose curieuse! ce Persan n'était sans doute pas de la Perse; il paraissait ignorer absolument le français; et on n'a jamais su s'il connaissait le turc. Un beau jour les employés de la Bibliothèque ne le virent pas arriver à l'heure habituelle; on attendit vainement, la robe noire du vieux savant exotique n'apparut pas; elle ne devait plus jamais réapparaître : « Il doit être mort! » dit un bibliothécaire. En effet, une heure après, la fatale nouvelle se répandit parmi les habitués de la Bibliothèque : « Le Persan est mort! »

Il y a encore d'autres études à faire : par exemple, les gens qui viennent demander un livre. Les uns, pareils au singe de La Fontaine, prennent le Pirée pour un nom d'homme. Les employés du bureau central se rappellent encore cet amateur d'horticulture, qui, après avoir jeté un coup d'œil sur le livre qu'on lui avait remis, s'en vint, furieux, reprocher au conservateur l'impolitesse dont on usait à son égard.

— Expliquez-vous, Monsieur, je vous prie, dit le bibliothécaire.

— Comment? on se permet de me donner un livre tout différent de celui que je veux consulter.

— Mais que désirez-vous avoir?

— Ce que je désire, Monsieur? *Le Jardin des Racines grecques!* et voyez ce que l'on me donne!

En même temps, il présente le livre tout grand ouvert.

Le conservateur prend le livre, l'examine, ne peut réprimer un léger sourire, et lui démontre clairement qu'on lui a bien donné le livre qu'il demandait. « Si celui-là ne vous donne pas les renseignements que vous cherchez, nous en avons d'autres plus complets, plus savants, par exemple, le *Thesaurus linguæ græcæ*, les ouvrages des savants professeurs allemands... »

— Mais, Monsieur, interrompit le lecteur, ce n'est pas cela; je suis jardinier, c'est pour me dessiner un jardin que je désire consulter un livre. Comment les Grecs dessinaient-ils leurs jardins? Voilà ce que je veux savoir.

Une autre fois, un lecteur va au bureau des bibliothécaires et s'adressant à celui du milieu

— Monsieur, lui dit-il en s'inclinant d'une façon polie, seriez-vous assez bon pour me faire donner un gros livre, gros, très gros?

— Cette désignation, Monsieur, répondit le savant, est un peu vague. Désirez-vous l'*Encyclopédie*, les *Voyages dans l'ancienne France?*

— Oh! Monsieur, cela m'est parfaitement égal, pourvu qu'il soit très gros.

— Comment? Cela vous est égal! Mais qu'en voulez-vous faire?

— Monsieur, dit l'autre en souriant gracieusement, c'est pour m'asseoir dessus, parce que vos sièges sont trop bas.

Que pensez-vous d'une telle réponse? Étonnez-vous donc, après cela, que les savants préposés au prêt des livres ne soient pas toujours d'une urbanité exquise?

Depuis la construction de la nouvelle grande pièce du rez-de-chaussée, il y a deux salles de lecture ou de travail à la Bibliothèque; dans l'ancienne salle du premier étage, sont admises toutes les personnes qui se présentent; dans l'autre, il faut être possesseur d'une carte que l'on délivre généralement à tous ceux qui la demandent; c'est une simple formalité à remplir.

A la Bibliothèque nationale, il existe un dépôt qui n'est jamais ouvert au public, on lui a donné le nom d'*Enfer*. C'est là que sont placés ces romans obscènes, ces brochures pornographiques, ces dessins inavouables, dus au dévergondage le plus honteux, qui n'a d'excuse que la folie. Les portes de l'*Enfer* ne s'ouvrent jamais au curieux sous quelque prétexte que ce soit; il est loin d'être aussi accessible que celui dont nous menacent les théologiens de tous les cultes.

La Bibliothèque se subdivise en quatre départements : imprimés et cartes géographiques,

manuscrits, médailles et antiques, estampes. Nous venons de parler du département des imprimés ;
c'est le plus riche naturellement, mais les autres ne sont pas moins précieux ; la partie réservée
aux manuscrits reçoit chaque jour un grand nombre de travailleurs qui y font souvent de véritables

BIBLIOTHÈQUE DE L'ÉCOLE DE DROIT.

découvertes. La collection des médailles est peut-être la plus importante qui existe. Lors de son
passage à Paris, l'émir Abd-el-Kader en fut émerveillé, et il se montra fort ému en reconnaissant
la monnaie qu'il avait frappée lui-même dans sa ville de Takedem, au temps de sa splendeur.

D'autres bibliothèques, moins considérables sans doute que la Bibliothèque nationale, mais dont s'honoreraient beaucoup de capitales populeuses, offrent sur d'autres points de Paris leurs trésors aux nombreux lecteurs qui sont là plus près de chez eux. C'est d'abord la bibliothèque de l'Arsenal avec près de trois cent mille volumes imprimés ou manuscrits; puis la Mazarine, située dans un des pavillons de l'Institut, et presque aussi riche que celle de l'Arsenal. A l'hôtel Carnavalet, tout rempli encore du souvenir de M⁵⁰ de Sévigné, se trouve aujourd'hui la bibliothèque de la Ville de Paris. Détruite par l'incendie de 1871, elle s'est reconstituée grâce aux courageux efforts de son conservateur, et elle offre déjà d'immenses ressources à ceux qui veulent étudier l'histoire de la capitale. N'oublions pas de mentionner Sainte-Geneviève, une des plus belles de Paris sous tous les rapports; la bibliothèque de la Sorbonne, enrichie de la précieuse collection particulière de Victor Cousin; puis les bibliothèques du Sénat, de la Chambre des députés, du Conseil d'État, de l'Institut, du Muséum d'histoire naturelle où l'on peut voir une relique, la table de Buffon; celles des Archives, des Ministères, de l'École de médecine, de l'École de droit que vient de terminer, tout dernièrement, M. Lheureux, architecte de la Ville de Paris.

Puisque nous venons de nommer l'École de droit, pourquoi n'en dirions-nous pas un mot, un seul en passant, ainsi que de sa sœur l'École de médecine? Ces deux écoles sont l'objectif de tous les collégiens, à l'exception des rares qui aspirent : les plus forts à l'École polytechnique

ou à l'École normale supérieure; les belliqueux à Saint-Cyr; les positifs à *Centrale;* mais ces dernières écoles restent tout à fait particulières; dans les lycées, il y a des cours spéciaux pour ceux qui s'y préparent. Quant aux autres élèves, ils suivent régulièrement les programmes scolaires, arrivent sans effort au baccalauréat, et enfin deviennent *étudiants!* Étudiant! la belle chose quand on a vingt ans! Libre! plus de surveillants! plus de contrôle! plus d'esclavage! Arrière cet abominable lycée où l'on faisait ses quatre repas par jour, peu variés, c'est vrai, mais sûrement et plus copieusement, parfois, qu'à la maison paternelle! Mais qu'importe! Être libre! avoir vingt ans! loger chez soi dans une chambre à vingt ou trente francs par mois! — Puis les bouillons Duval, les restaurants à trente-deux sous, où l'on a le droit de s'acharner après les biftecks rebelles ou les côtelettes d'antan, et de renouveler — comme on disait en riant, à ce gueux de collège, à la barbe de l'économe — le combat des *voraces* contre les *coriaces!* Ensuite, les brasseries où l'on est servi par des houris peu célestes; les bals Bullier; enfin mille et mille douceurs qu'on rêvait depuis les bancs de la rhétorique; surtout la gentille étudiante qui s'érige en professeur pour les nouveaux débarqués et enseigne — gratis — les saines traditions qu'elle conserve fidèlement comme jadis les Vestales conservaient le feu sacré!

Heureux âge! Combien de graves magistrats, de présidents de chambre, de juges d'instruction, de doyens de facultés voudraient encore revenir à ces heures dorées de la vie! Mais, hélas! on ne retourne pas en arrière dans le chemin de l'existence! Aussi quand ces austères personnages envoient à Paris quelque héritier de dix-huit à vingt printemps, ils soupirent profondément en prodiguant au jeune homme plus d'excellents conseils que de pièces de vingt francs; et ces soupirs, ils les mettent sans doute sur le compte de l'attendrissement, du chagrin, de l'amour paternel à l'heure de la séparation. Hypocrisie! c'est tout simplement souvenir et regret : souvenir des bonnes années de l'école! regret de n'être pas à la place de leur fils! Soyez justes, ô pères éplorés! vos enfants reviendront dans quelques années, et plus tard, eux aussi, ils donneront à vos petits-fils les *excellents conseils* que vous leur aviez donnés!

Ce serait une curieuse étude à faire que celle des écoles et des *escholiers* à notre époque. Bien souvent on a essayé de reproduire — on dirait aujourd'hui *photographier* — cette physionomie si mobile qui reflète celle du temps. Mais cela nous entraînerait trop loin. Les étudiants se suivent et ne se ressemblent pas. Peut-être cependant sont-ils toujours les mêmes que jadis, et c'est nous qui changeons; peut-être, en vieillissant, ne voyons-nous plus les choses comme

LE MONT-DE-PIÉTÉ. — Tableau de Munkacsy.

elles le sont réellement! Ne blâmons pas trop, ne critiquons pas trop. Nos enfants sont ce que nous avons été; qui sait s'ils ne valent pas mieux?

Aujourd'hui, on voit s'élever de tous côtés une foule de constructions scolaires : petites et grandes écoles, institutions primaires, secondaires, supérieures; collèges, lycées, écoles de médecine, facultés des sciences, que sais-je? En attendant les édifices durables, on en élève de provisoires. Ah! si, de notre temps, nous avions eu autant de moyens d'instruction! que de grands hommes on compterait de plus dans notre pays! que de grands orateurs à la Chambre! que d'éloquents avocats au barreau! que de médecins exerçant envers et contre tous! Est-ce un bien? est-ce un mal? A notre avis, c'est toujours un bien! Si quelqu'un fait servir à son malheur ou au malheur des autres les facilités qu'on lui a données de faire le bien, c'est sa faute, tant pis pour lui! Du reste, il n'est qu'une exception. Les fleuves débordent quelquefois, et ruinent les hameaux qui sont sur leurs rives; mais ils fécondent le plus souvent les campagnes voisines et répandent autour d'eux l'abondance et le bien-être.

Abandonnons pour cette fois-ci les écoles : nous y reviendrons dans une autre occasion, lorsque tous ces vastes monuments — les plus utiles d'une grande cité — seront entièrement terminés; lorsque nous les verrons contribuer, à leur manière et dans une large part, à la prospérité, à la grandeur, à la suprématie de notre grand et beau Paris.

Nous avons parlé des étudiants, des superbes édifices où ils peuvent aller puiser les trésors de la science; nous avons dit un mot ou deux des endroits où ils trouvent les plaisirs de leur âge. Il est encore un lieu, bien connu dans Paris, où l'étudiant se rend parfois, après avoir épuisé, en quelques jours, la rente mensuelle que lui fait un père peu prodigue; rente qui s'accroît souvent des économies de la mère et de la sœur! — C'est le Mont-de-piété.

Voici la rue des Blancs-Manteaux : mon dessein, en pénétrant dans cette vieille voie parisienne, était d'aller d'abord visiter l'église Notre-Dame-des-Blancs-Manteaux; mais je remets cette visite à une autre fois. Pourquoi? Parce que le nom de la rue me fait penser à cet établissement que je viens de nommer, et qui est bien autrement populaire : « le Mont-de-piété! » Combien de tristes souvenirs, d'angoisses, de désespoirs ce mot n'évoque-t-il pas dans l'âme? Nous ne ferons pas ici l'historique des monts-de-piété? A quoi bon en savoir l'histoire! Qui ne les connaît un peu dans leur sombre réalité, de réputation au moins? Quel est l'étudiant qui, pour conduire sa maîtresse au bal, n'a pas un jour engagé quelque souvenir de la famille absente ou le paletot apporté, le matin, par le tailleur, et naturellement, non payé? Quel est l'artiste qui, dans ses rudes commencements, n'a pas porté là sa montre — s'il en a une — pour acheter un bout de toile? Quel est l'ouvrier qui n'a pas, dans une semaine de chômage, demandé à cette triste maison le pain de la famille? Quelle est l'ouvrière isolée et laborieuse qui, à la veille d'un terme, n'a pas fait parfois ce triste pèlerinage? Mont-de-piété! Quelle ironie qu'un tel nom! et d'où lui vient-il? Car, enfin, il doit avoir sa raison d'être.

Vers 1440, un moine récollet, qui s'appelait Barnabé de Terni, prêchant à Pérouse, tonna du haut de la chaire contre les usuriers juifs et lombards qui avaient, pour ainsi dire, le monopole des prêts sur gages, et avec quels bénéfices! Touchés par l'éloquence indignée du bon religieux, les riches bourgeois de cette ville se réunirent et fondèrent une sorte de banque de charité, où, dans un jour de nécessité, les pauvres pourraient trouver, en fournissant quelque gage, à emprunter sans aucun intérêt une petite somme d'argent. Cette banque reçut le nom de *Mont-de-piété*. D'autres villes, suivant l'exemple de Pérouse, créèrent des établissements semblables qui reçurent le même nom.

Bien des villes de France possédaient déjà des monts-de-piété, quand des lettres patentes du 9 novembre 1777 permirent aux administrateurs de l'Hôpital général de Paris d'établir dans la capitale, sous ce nom adopté partout, une maison de prêts sur gages. Cette administration, dès l'origine, eut son siège rue des Blancs-Manteaux. A peine installé, le Mont-de-piété eut une grande vogue, ce qui était facile à prévoir dans une cité populeuse comme Paris. Un auteur bien connu, qui nous a tracé le tableau de la capitale à la fin du siècle dernier, Mercier dit qu'il a vu quarante tonnes, toutes remplies de montres en or déposées par les Parisiens. Et qu'on ne crie pas à l'exagération. A notre époque, en 1882, le Mont-de-piété de Paris, avec ses succursales de quartiers, reçoit chaque jour en moyenne de mille à douze cents montres! Calculez combien cela peut faire en une année!

Le moraliste qui étudiera les monts-de-piété sera forcé d'en venir à cette conclusion que ces banques populaires sont une institution philanthropique : il y a certainement un côté mauvais qu'on ne pourra jamais faire disparaître entièrement; il y aura toujours des misérables qui pour quelques heures d'orgie dépouilleront le taudis où leur femme et leurs enfants n'ont pas même un morceau de pain. Hélas! si ces êtres dégradés n'avaient pas cette ressource, qui sait si, au lieu de voler leur famille, ils ne voleraient pas ailleurs? Pour nous, nous avons la conviction que le vrai besoin, qu'il résulte de l'imprévoyance, de la maladie ou du chômage, conduit le plus souvent au Mont-de-piété, et qu'à ce point de vue, l'institution, malgré ses défauts, est bonne en soi et ne demande qu'à subir des améliorations.

Il faudrait des volumes entiers pour peindre la physionomie du Mont-de-piété; que de drames intimes ont eu là leur théâtre! Pour combien de malheureux cette montée au Calvaire a-t-elle été l'avant-dernier acte de la pièce, la dernière étape de la vie, celle qui a précédé — de quelques jours à peine — le réchaud de charbon, le coup de pistolet ou le plongeon dans la Seine! Il n'est pas étonnant qu'un tel sujet ait été choisi souvent par les plus habiles artistes : ce n'est pas un tableau de genre, c'est une peinture de mœurs, et des plus saisissantes, qu'ils ont de la salle sinistre du Mont-de-piété fait passer sur leur toile. Qui n'a encore présent à la pensée l'admirable tableau du grand artiste hongrois, Munkacsy, qui valut à son auteur une médaille au Salon de 1874? Arrêtez-vous devant cette page, et regardez.

Le guichet des engagements est ouvert : quelle est la malheureuse privilégiée qui passe la première? C'est une femme qui vient d'apporter un châle dans une serviette blanche. Un vieil employé, la plume derrière l'oreille, a retiré de son enveloppe ce châle qui rappelle peut-être un jour de bonheur et d'espérance à cette pauvre femme; l'employé, d'un air déjà ennuyé, indifférent, maussade, examine ce châle, si précieusement conservé, comme un chiffon sans valeur. La femme est là debout, attendant avec anxiété l'offre qu'on va lui faire; c'est une femme d'ouvrier, cela se voit; elle est jeune encore, mais les privations l'ont amaigrie, et ses yeux sont creusés par les veilles et les larmes. Sa mise est simple mais propre; il est facile de voir que ce n'est ni la paresse ni l'inconduite qui l'ont réduite à la misère. Son mari est peut-être sans ouvrage, peut-être malade; son travail, à elle, est insuffisant. Elle a amené avec elle ses enfants, comme si elle espérait par cette vue toucher le cœur de l'employé : mais, hélas! *illi robur et æs triplex!* Il en voit tant, tous les jours! Elle porte sur ses bras un tout petit bébé au bonnet duquel elle a mis — touchante coquetterie maternelle — un bout de ruban bleu. Devant elle est une fillette de trois ou quatre ans; elle s'ennuie, la petite blondine, elle voudrait s'en aller. Voilà l'honnête mère de famille; comme contraste voici une grande fille, aux cheveux roux, aux vêtements défraîchis, aux yeux battus par les veilles aussi, mais les veilles de l'orgie. Elle est assise sur la banquette, à droite, au premier plan. Elle tient dans ses mains un écrin de velours rouge, et sourit en songeant que tout à l'heure on va lui donner de quoi renouveler sa toilette et recommencer, au moins une semaine, sa vie de plaisirs et de honte. Dans cette grande salle, froide et nue, attendent d'autres personnages : c'est d'abord une vieille, d'un air assez distingué; elle a un chapeau à rubans jaunes, une robe brune, une palatine sur les épaules et sur les genoux un grand carton qui renferme sans doute ce qu'elle vient mettre en gage; son chien est près d'elle ainsi que son parapluie. Ayez patience, bonne vieille, votre tour viendra bientôt. Plus loin, se tient debout une femme du peuple, un panier au bras; elle est nu-tête; on la voit de profil, mais on peut remarquer ses traits durs, son regard sombre; un vieux châle enveloppe son corps : elle doit avoir l'habitude de la misère. Voyez, maintenant, ce jeune ouvrier avec son tablier de cuir et son chapeau de feutre noir; pauvre homme, il porte le bras gauche en écharpe, et dans sa main droite il tient la chaîne et la montre qu'il avait naguère si joyeusement achetées sur ses premières économies! Soyez sûr qu'après sa guérison il reprendra le chemin de l'atelier, et qu'avant peu il reviendra, plus gai, dégager ces modestes bijoux du bon ouvrier. Près de lui, c'est un musicien; son paletot gris commence à se déformer par l'usage; il garde sur sa tête son chapeau à haute forme; sous son bras il a mis son violon, enveloppé dans un mouchoir de poche, — ce violon qui lui donnait jadis le morceau de pain sec quotidien; — que d'expression dans son regard! Derrière ce brave artiste est un groupe de trois hommes, dont l'un tient à la main un papier de couleur rose, une reconnaissance, sans doute; l'autre, un habitué, très au courant, lui explique l'usage de ce chiffon, et lui indique où il devra le présenter. Enfin, sur le devant du tableau, quel est cet adolescent? Il a quatorze ou quinze ans à peine; qui lui a montré si jeune ce chemin *della cita dolente?* Il s'en va, la tête basse, remportant, le cœur serré, son carton de dessins, ces chers dessins faits avec tant d'amour, qui lui promettaient peut-être la gloire, — pour l'avenir; — il a fait, sans rien dire, ce triste pèlerinage dans le but de les engager, afin de venir en aide à sa famille; on les lui a refusés. Pauvre enfant! c'est la première déception de ta vie d'artiste, mais, hélas! ce ne sera pas la dernière! Qui sait si le grand peintre hongrois n'a pas rappelé ici quelque épisode touchant de ses jeunes années?

Ce tableau ne reproduit que le côté attristant du Mont-de-piété; mais tout près de ces visages soucieux, désespérés, moroses, sombres ou résignés, il y a les faces radieuses et triomphantes des gens qui viennent dégager. Le bureau des dégagements n'est pas sinistre comme l'autre : on y arrive haut la tête, on gravit rapidement l'escalier, on entre souriant, la reconnaissance toute grande ouverte à la main. Ils ne prennent pas la peine de s'asseoir; ils savent qu'on n'attend pas longtemps d'ordinaire : il y a moins de monde au guichet des dégagements qu'à l'autre. Et combien d'objets que leurs propriétaires n'ont jamais pu recouvrer! Le 26 juin 1849, comme le raconte une ancienne chronique du Mont-de-piété, fut vendue une montre d'argent qui devait sans doute avoir son histoire intime. Elle avait été engagée le 8 janvier 1817, pour une somme de huit francs; chaque année l'emprunteur fut fidèle à renouveler l'engagement; la dernière fois qu'il parut ce fut le 8 décembre 1847. Cet homme qui n'avait jamais pu réunir la somme nécessaire pour ravoir sa montre avait versé successivement vingt-six francs cinquante centimes de droits de renouvellement. L'administration fit des recherches, deux ans après, pour connaître le propriétaire de la montre : il était mort! Quel souvenir cet homme attachait-il à ce précieux objet? Nul ne saurait le dire!

Nous disons adieu au Mont-de-piété : puissé-je n'y jamais revenir que comme simple curieux, comme observateur et philosophe, et ne jamais figurer dans les tableaux des futurs Munkacsy qu'au même titre que les deux graves philosophes du tableau de Couture : *les Romains de la décadence!*

Au commencement de la rue des Blancs-Manteaux, j'ai aperçu un petit marché qui a sa façade sur la rue Vieille-du-Temple; il a été construit, de 1813 à 1819, sur l'emplacement du couvent des Hospitaliers de Saint-Anastase; il n'a rien de curieux, sans doute, puisque je ne m'y arrête pas; mais il me donne, par association d'idées, la pensée de faire un tour aux Halles centrales, non pas pour en étudier l'architecture, mais pour passer une bonne heure, comme savent le faire les flâneurs, qui trouvent partout matière à observation.

Les Halles centrales, telles que nous les voyons aujourd'hui, ont été construites sur les plans et sous la direction de M. Baltard. La construction de cet immense édifice tout en fer, où se tient tous les jours une foire continuelle, où règne une activité incroyable, a fait disparaître l'ancien marché des Innocents, qui avait succédé à l'un des plus anciens et des plus célèbres cimetières de Paris. L'emplacement de ce marché est occupé aujourd'hui par un square au milieu duquel s'élève la charmante fontaine de Jean Goujon, dont les suaves figures de nymphes contrastent si étrangement avec les faces abruties, ignobles souvent, des rôdeurs de nuit, des vagabonds, des débauchés du plus bas étage qui viennent dormir sur les bancs circulaires du jardin. Jean Goujon et Pierre Lescot, deux gloires de notre vieille France, terminèrent ce petit chef-d'œuvre — s'il est de petits chefs-d'œuvre — en 1551. Ce monument était adossé au coin de la rue Saint-Denis, le sculpteur Pajou le dressa au milieu de la place des Innocents. Il offre quatre façades, dont chacune forme un portique que soutiennent deux pilastres corinthiens. Quatre naïades sont debout sous les portiques, et le piédestal est orné de bas-reliefs; les bassins et les lions furent ajoutés en 1788. Cette fontaine est certainement la plus remarquable de Paris.

En province, dans les campagnes, on a l'habitude de faire au moins quatre repas : on mange copieusement; mais chacun dans son jardin, dans sa basse-cour, trouve à peu près ce qui lui suffit pour l'accomplissement de ces actes importants de la vie — les plus importants, il faut bien l'avouer. A Paris, c'est autre chose : chez soi on ne possède — et pas toujours — que l'argent nécessaire à l'achat des provisions de bouche. Paris, en général, ne fait que deux repas par jour, mais quels repas! Ce qui ne l'empêche pas de manger à toute heure. Il déjeune et il dîne seulement, cela est vrai; il ne compte que cela; mais que de choses qu'il ne compte pas! Le petit déjeuner, le goûter, le souper, la collation, le réveillon, le *medianoche*, les stations chez le pâtissier, chez le confiseur, etc., etc., etc. Il y a des gens qui mangent toute la journée; hélas! il y a des gens qui ne mangent pas!

Deux millions deux cent mille bouches humaines qu'il faut remplir chaque jour, et plusieurs

LA MARCHANDE DE VOLAILLES. — SCÈNE DE MARCHÉ A PARIS.

Gravure de C. Maurand, d'après le tableau de V. G. Gilbert.

fois par jour; voilà certes un problème de la plus haute importance et qu'il s'agit de résoudre trois cent soixante-cinq fois par an, quand l'année n'est pas bissextile, et une fois de plus quand elle compte trois cent soixante-six jours. Oh! Rabelais, quel piètre mangeur que ton petit Gargantua à côté du Gargantua parisien!

Dès trois heures du matin, auparavant même, toute la nuit, les voitures des maraîchers, des cultivateurs des environs de Paris, les lourds camions des chemins de fer se dirigent vers les Halles centrales, apportant de tous les coins de la France et de l'étranger sa pâture quotidienne à la grande ville. Malheur alors, malheur aux pauvres habitants du boulevard Sébastopol, de la rue Rambuteau, de la rue Berger, de la rue Montmartre, de toutes les rues qui avoisinent le marché! Impossible de fermer les yeux plus de deux heures : le reste du temps consacré au sommeil, on le passe à jurer, à sacrer, à maugréer; on se retourne dans son lit, à droite, à gauche, en donnant au diable tous les maraîchers de l'univers.

Le jour vient; les Halles prennent peu à peu leur physionomie pittoresque; la vente en gros commence; les petits marchands des rues, les crémiers, les restaurateurs, les fruitiers, les épiciers, les voitures à bras, les paniers, les sacs, les corbeilles, tout cela va, vient, circule, bouscule, heurte, crie, jure, vocifère; des inspecteurs, des gardiens de la paix, des crieurs publics, des femmes avec des tickets, des fournisseurs, des cuisiniers, des maîtres d'hôtel, examinent, surveillent, vendent, prélèvent des redevances, achètent en gros, achètent en détail, se démènent; c'est un mélange confus et bizarre, un tohu-bohu infernal et amusant. Soudain la cloche sonne, autre aspect. Les marchandes de la campagne se hâtent de vendre à vil prix ce qu'elles ne peuvent remporter; des ménagères économes ont guetté cet instant, elles sont radieuses de faire un bon marché : jugez un peu, elles ont pour cinq sous ce qu'elles auraient payé quinze à un autre moment! Les sergents de ville font partir les retardataires. Changement d'aspect : les balayeurs enlèvent les nombreux détritus, où bien des femmes trouvent à glaner de bons morceaux; les clients ordinaires de la journée arrivent : cuisinières, femmes de chambre, femmes de ménage, bourgeoises en bonnet de linge et tablier blanc, ouvriers et ouvrières. Alors, ce sont des marchandages à n'en plus finir : les petites bonnes réclament leurs bénéfices. Souvent même les dames de la Halle le leur donnent spontanément. Un matin, une dame voit sa bonne malade; elle prend un petit bonnet et un tablier blanc, se rend gaillardement au marché, aperçoit un poulet de bonne mine et le marchande :

— Sept francs, lui fait-on.

— Comment? Sept francs? J'en donne quatre cinquante.

— Quatre cinquante, un poulet comme le mien, ma petite mère; vous vous en feriez mourir! Je vous le laisse à six, et à cause de vous.

— Non, reprend la dame en faisant le geste de partir; je ne peux vous donner que cinq francs tout au juste.

— Mettez cinq cinquante et emportez-le, fait la marchande; mais c'est bien parce que vous me plaisez et pour avoir votre pratique.

La dame prend le poulet, le met dans son panier, et offre à la vendeuse une pièce de cinq francs et une pièce de cinquante centimes.

— Tenez, lui dit la marchande en lui redonnant la pièce de dix sous; c'est cinq francs cinquante pour votre patronne, mais pour vous c'est cinq francs.

L'acheteuse sourit gracieusement et s'en alla en remettant les cinquante centimes dans son porte-monnaie. On l'avait prise pour sa bonne.

Les dames de la Halle ont été longtemps célèbres, et le catéchisme poissard de Vadé a été un vrai succès pour ses éditeurs. Le langage de ces dames a perdu beaucoup de son pittoresque. Aujourd'hui, quoiqu'elles aient la langue aussi active, les locutions qu'elles emploient sont devenues grossières et ordurières. Jadis, en défilant leur chapelet, elles amusaient et s'amusaient en même temps : c'était un intermède qui de temps à autre égayait la besogne; aujourd'hui, ce n'est plus amusant, elles se mettent en colère et disent des injures quand on ne veut pas de leur marchandise.

Il y a, dans les Halles, un coin ignoré de beaucoup de monde, et connu, hélas! d'un trop grand nombre. Les misères honnêtes et celles qui ne le sont pas s'y coudoient souvent. Non loin des magasins de fromages, il y a sept à huit boutiques où des clients nombreux et variés viennent acheter de sept heures à midi : quelques ouvriers, des ménagères pauvres, des bohèmes au chapeau bossué, à la redingote incolore et trouée, des rôdeurs, des gens sans aveu, trouvent là un choix varié de provisions de toutes sortes. Sur des comptoirs de marbre d'une propreté éblouissante, des assiettes sont étalées et dans ces assiettes on voit des choses sans nom, des mets bizarres, des couennes de lard, des gigots aux trois quarts dévorés, des restes de fricandeau à l'oseille, des cervelles jadis au beurre noir, des ris de veau, des carcasses de poulet, des viandes, des légumes, tout cela dans des sauces impossibles, formées de la réunion de plusieurs autres sauces. Les vendeuses, fraîches, propres, avenantes, distribuent les provisions sur des fragments de journal, et les pauvres gens trouvent encore le moyen de vivre de ce que dédaignent les heureux de Paris.

Autour des Halles, on peut aussi consommer sur place : je ne parle pas des restaurants de toutes catégories, ni des traiteurs, ni des marchands de vin, ni même des plus vulgaires *caboulots;* mais de la cuisine en plein air. Vous avez, sans doute, traversé plus d'une fois cette foire continuelle, ce flot toujours renaissant qui ondule dans ce centre de Paris? Vous vous êtes même, aux abords, bouché parfois les narines à l'odeur de graisse rance qui chante du matin au soir en faisant cuire des morceaux de gras-double : ce n'est pas de ce mets recherché qu'il s'agit ici, mais bel et bien de cette bonne et succulente soupe bien chaude, dont le parfum embaume les alentours. Regardez à droite, à gauche, au nord, au midi, dedans, dehors, partout dans ces parages, et vous verrez les nombreuses marchandes de soupe ; elles s'approvisionnent à peu de frais ; les Halles sont là, c'est leur empire ; cela ne leur coûte guère que la peine de prendre ; les clients abondent, se renouvellent sans cesse : outre la clientèle de passage, elles ont leurs habitués : désirez-vous de la soupe aux choux, aux carottes, aux pommes de terre, à la citrouille? Vous avez le choix. Beaucoup d'ouvriers, d'ouvrières, de journaliers, de marchands et de marchandes de légumes, préfèrent, l'hiver surtout, cette soupe fumante qui réchauffe l'estomac, à l'insipide lait chaud qui n'est que de l'eau blanchie. Il y a telles marchandes qui débitent des soupes par centaines et doivent se faire de jolis bénéfices.

Les mangeurs de soupe ont aussi leur petit *manteau bleu*. Chaque semaine, un généreux inconnu descend de voiture et fait distribuer des soupes à un tas de pauvres diables pour qui ce manger est un mets délicieux. C'est une bonne action et bien plus méritoire que de donner deux sous à des gens qui s'en serviraient pour boire un verre d'eau-de-vie.

La soupe ne dure pas toute la journée : c'est le tour de la marchande de café. Les dames des Halles ne dédaignent pas ce petit complément de leur repas; et même, parfois, entre le déjeuner et le dîner, au moment où les clients sont plus rares, elles aiment à savourer avec délices un bol de

> ..... cette liqueur au poète si chère,
> Qui manquait à Virgile et qu'adorait Voltaire.

En mettant un sou de plus, c'est-à-dire en payant un décime complet, la marchande de café tire de dessous sa robe un flacon d'eau-de-vie et en verse quelques gouttes dans le liquide noirâtre ; mais elle se cache pour cette opération, car il lui est défendu de vendre autre chose que du café. Pourtant, si elle se cache, c'est pour sauver le principe : l'œil placide du sergent de ville, en de semblables occasions, a toujours soin de regarder d'un autre côté. La marchande de café ne se rencontre pas seulement aux Halles ; elle fréquente aussi les lavoirs : les blanchisseuses sont terriblement altérées, et elles se font des politesses les unes aux autres ; là, par exemple, le litre de *Montpellier* se dissimule moins, bien qu'il soit tout aussi défendu ; et certaines marchandes le renouvellent plus d'une fois par jour.

Les Halles centrales sont un immense marché où se trouve réuni tout ce qui peut servir à l'alimentation parisienne. Mais des extrémités de Paris à cet endroit, il y a bien loin, et les occupations quotidiennes ne permettent pas souvent aux ménagères éloignées d'y venir faire leurs provisions. L'administration municipale, qui est une véritable providence (il ne faut pas trop lui en savoir gré, elle est faite pour cela), a établi, restauré ou agrandi bon nombre de petits marchés de quartier où l'on peut, dans l'espace d'une demi-heure, s'approvisionner suffisamment pour les besoins de la vie ordinaire. C'est peut-être un peu plus cher qu'aux Halles centrales, mais l'économie de temps — *times is money* — compense amplement ce léger excédent; et toutes les ménagères ne ressemblent pas à cette dame qui, pour payer un chou-fleur deux sous meilleur marché, prenait l'omnibus pour s'en aller à la pointe Saint-Eustache : il est vrai qu'elle demandait une correspondance.

Il nous suffira d'énumérer les principaux de ces marchés : le marché Saint-Honoré, le marché Saint-Germain, le nouveau pavillon de la place d'Italie, le marché Saint-Joseph qu'on vient de démolir, le marché des Carmes, place Maubert.

La place Maubert ! Que de souvenirs étranges, curieux, émouvants, comiques et dramatiques

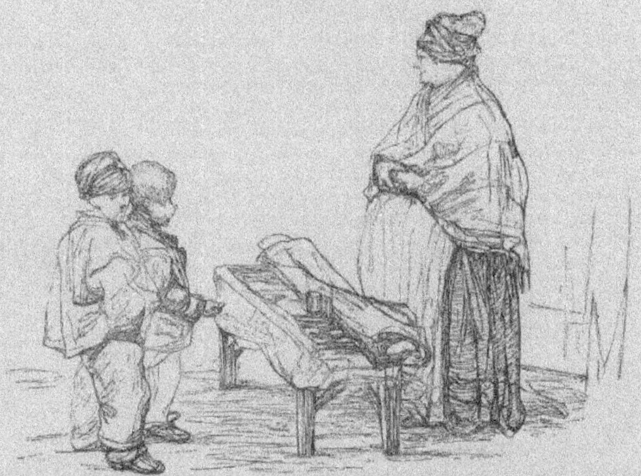

LA MARCHANDE DE SESLINGOTS. — Croquis de Paul Renouard.

nous rappelle ce nom ! Le nom subsiste encore, mais peut-on dire que la place est restée ? L'expropriation a fait disparaître les vieilles maisons de ce quartier si populaire. Le boulevard Saint-Germain a passé par là; il a tout emporté comme un torrent qui se fraye un lit nouveau. Adieu, les cabarets borgnes ! adieu, les assommoirs ! adieu, les antiques masures ! Où sont les mauvais garçons et les malandrins ? Où sont les truands qui florissaient dans cette succursale de la Cour des Miracles ? « Mais où sont les neiges d'antan ? » s'écriait un poète digne de ces bizarres parages.

Tout cela n'est plus; et pourtant, il y a encore là du vieux Paris plus que partout ailleurs. D'où vient ce nom, place Maubert ? Ne faisons pas d'érudition : laissons de côté l'évêque de Paris Madelbert, bien ignoré aujourd'hui, et qui mourut au viiie siècle avant que la place fût créée; ne parlons pas de Maubert, second abbé de Sainte-Geneviève. Qui connaît cet abbé-là aujourd'hui ? Qui le connaissait au xiiie siècle ?

Le nom de Maubert, selon la tradition constante, est une contraction de Maître Albert. Maître Albert, le célèbre docteur allemand; maître Albert Groot, Albert le philosophe, le

LA PLACE MAUBERT, A PARIS

magicien, Albert le Grand, ou mieux, comme l'a surnommé la postérité, le *Grand Albert*. Ne frissonnez-vous pas en prononçant ce nom ? Qui, dans son enfance, n'a entendu parler de ce terrible magicien, plus puissant que le diable, et n'a vu, en frémissant, le livre redoutable où sont consignées les diverses manières d'évoquer Satan ? C'est au xiii° siècle que maître Albert vint à Paris ; il eut un tel succès que, ne trouvant pas de local assez considérable pour contenir la multitude toujours croissante de ses auditeurs, il se décida à enseigner en plein air, au milieu de cette place à laquelle il légua son nom.

La place Maubert a eu ses journées lugubres. Ce fut là que le grand protecteur des lettres et des arts, le roi François Ier, laissa brûler vif Étienne Dolet, le célèbre imprimeur. Le 12 mai 1588, les ligueurs y élevèrent leur première barricade, et en juin 1848, comme en mai 1871, elle a pris une grande part dans les événements qui ont ensanglanté Paris. Mais laissons de côté

LE COMMISSIONNAIRE.

tous ces souvenirs néfastes ! Elle a bien expié sa renommée. Sur les degrés de ses escaliers, ce ne sont plus les auditeurs d'Albert le Grand ou de Paracelse qui viennent s'asseoir, leurs tablettes sur les genoux ; ce ne sont plus les curieux barbares qui se pressent pour voir brûler un condamné ; non, ce sont d'honnêtes maçons, fatigués de leur rude besogne quotidienne. Ils fument leur pipe et parlent de leurs travaux, de leur pays absent, des villes, des bourgades, des campagnes du Limousin, de la Marche ou de l'Auvergne. Près d'eux vont et viennent, en poussant leurs petites voitures et en criant leurs denrées, les marchandes des quatre saisons ; les chiffonniers et les chiffonnières passent avec leur hotte, leur crochet et leur lanterne. Le commissionnaire du coin, un *pays* peut-être, assis gravement sur sa boîte à décrotter, son crochet près de lui, fraternise avec ces braves gens, qui parfois — mais rarement — lui confient leurs épaisses chaussures à faire reluire. Le commissionnaire ! encore une industrie essentiellement parisienne que celle qu'il exerce. Ne craignez pas d'avoir recours à sa discrétion ; il sait bien des choses, mais il les garde pour lui. C'est un honnête homme, et il est fier de la médaille que la préfecture de police lui a donnée. N'en a pas qui veut.

Les rues qui avoisinent la place Maubert ont conservé encore leur physionomie pittoresque. On ne voudrait certes pas y habiter, mais on aime de temps en temps à les parcourir, à regarder les vieilles bâtisses du temps passé; ces bornes qui remplacent les trottoirs, ces couloirs sombres et longs qui aboutissent à de sinistres escaliers. Ici c'est la rue du Haut-Pavé, du bout de laquelle on découvre le Panthéon qui se dresse majestueusement et domine tout Paris; détournez-vous, c'est la cathédrale, c'est Notre-Dame! le poëme de pierre décrit par Victor Hugo; descendez cette voie, vous rencontrerez à droite la rue Galande, encore pleine des souvenirs du moyen âge; la rue Galande avec ses maisons contemporaines de Jean de Garlande qui lui a laissé son nom, ses marchands de vin, toujours le broc en main, pouvant à peine satisfaire une clientèle d'élite; ses rôtisseries où les oies grasses, les poulets, les canards chantent devant un feu ardent leur dernière chanson. Prenez cette petite rue à gauche, c'est celle des Anglais, où vous verrez l'établissement du père Lunettes, qui aurait pu servir de modèle à Zola pour son assommoir : établissement fantastique, hideux, incroyable, qui a déjà rendu millionnaire plus d'un patron, et qui ne craint pas même la concurrence du Château-Rouge de la rue Galande. Que de gros sous ou de petites pièces, prises dans la poche d'un flâneur béat, sont tombés dans le comptoir du père Lunettes! Que voulez-vous? ce brave homme ne peut guère s'inquiéter de leur provenance. Toutefois, si j'ai un conseil à vous donner, c'est de ne pas entrer là : on vous regarderait tout au moins de travers. Venez plutôt à droite dans la rue du Fouarre; elle n'a pas changé d'aspect depuis le temps où le sombre exilé de Florence, Dante, écoutait sur la paille et le foin, comme les autres étudiants, les doctes leçons de Sigier. Tout à côté, dans l'ancienne rue des Rats, aujourd'hui rue de l'Hôtel-Colbert, se trouve une maison bien curieuse, mais qui n'a jamais, quoi qu'on en dise, appartenu à Colbert. Au temps où florissait ce grand ministre, l'hôtel en question était occupé par Goret de Saint-Martin, maître des comptes; et c'est pour ce dernier que Thibaut Poissant sculpta ces bas-reliefs, Apollon et les Muses, — d'un effet assez lourd — qui peuvent se voir encore entre les croisées de la cour.

Ne quittons pas ce quartier sans donner un coup d'œil à la rue Saint-Julien-le-Pauvre, voie étroite, sombre, triste, qui doit son nom à la vieille église dont l'Hôtel-Dieu se servait naguère, et qu'on peut considérer comme un très remarquable spécimen de style roman. L'église Saint-Julien-le-Pauvre dépendait jadis d'un hôpital dont parle l'évêque Grégoire de Tours : c'était là que notre vieil historien descendait quand il venait à Paris.

Arrêtons-nous en passant à Saint-Séverin, une des plus curieuses églises de Paris : son origine, sa description demanderaient bien des pages; nous nous bornerons à rappeler un seul souvenir : Saint-Séverin distribuait chaque année — autrefois naturellement, — un prix de vertu aux cinq filles les plus sages de la paroisse : il n'y avait rien pour les garçons. Aujourd'hui on a renoncé à cet usage. Quelle en est la raison? J'aime à croire que c'est l'embarras du choix plutôt que le manque de concurrentes.

Si nous voulions rester dans ces parages de la rive gauche, nous trouverions matière à gros in-folio. Chaque coin de rue, chaque monument, chaque maison pour ainsi dire fourniraient des pages intéressantes. Depuis les époques les plus reculées de notre histoire jusqu'à nos jours, ce quartier de la capitale, qu'on nommait l'Université, qu'on nomme encore le Pays Latin, a eu sa population à part, population remuante, aimable, spirituelle, studieuse, qui a donné à la France ce qu'elle a de plus vivant, de plus noble, de plus généreux. Ici, c'est l'École de médecine qui se réédifie sur les plans de l'habile architecte M. Ginain, membre de l'Institut; plus haut, du côté du Panthéon, c'est l'École de droit; tout près de là, on rencontre l'École polytechnique, et tout là-bas, rue d'Ulm, l'École normale supérieure. Que de choses à dire sur ces établissements sans rivaux au monde d'où sortent tous les ans d'habiles jurisconsultes, de savants médecins, des avocats, des avoués, des officiers instruits, des ingénieurs éminents, des professeurs en tout genre dont le nom sera bientôt connu dans le monde de la science et de l'érudition : des milliers nous quittent chaque année; chaque année des milliers nous arrivent : *Uno avulso, non deficit alter.*

LA RUE DU HAUT PAVÉ A PARIS

Près de ces écoles s'élèvent : ici la Sorbonne, là le Collège de France, et partout d'immenses lycées qui ont leur brillante histoire. Et que de grands hommes tous ces noms-là rappellent ! Les Sorbon, les Gerson, les Guillaume Budé, dans les temps anciens; et plus tard, au palais de Richelieu, Biot, Gay-Lussac, Thénard, qui vint littéralement en sabots à Paris; Geoffroy-Saint-Hilaire, Dumas, Milne-Edwards, Leverrier, dans les sciences; Delille, Boissonade, Laromiguière, Royer-Collard, Villemain, Cousin, Jouffroy, Maine de Biran, Saint-Marc-Girardin, Jules Simon et tant d'autres, dans les lettres et la philosophie; n'oublions pas la théologie, cette fille aînée de la Sorbonne : les Bautain, les Gratry, les Freppel, les Pereyve, les Perraud, ne sont pas indignes de leurs devanciers. Au Collège de France, que d'illustrations à citer : savants, philosophes, érudits, historiens, économistes! Toutes les branches de l'esprit humain se sont donné

AUDITEURS D'UN COURS PUBLIC.

rendez-vous dans ce *sanctuaire*; des milliers et milliers d'auditeurs sont venus écouter et applaudir les enseignements éloquents qui tombaient de la bouche des Ampère, des Champollion, des Burnouf, des Cuvier, des Michelet, des Sainte-Beuve, des Claude Bernard, pour ne parler que des morts. Je sais bien qu'en France la plaisanterie a parfois beau jeu; elle s'est égayée sur les cours publics et sur les habitués de ces cours; mais que voulez-vous? il faut bien rire un peu. Il est arrivé plus d'une fois à un savant professeur de thibétain, de mandchou, de malais, de n'avoir pour auditoire que le seul appariteur. C'était un jour mémorable, *dies albo notanda lapillo*, que celui où un étranger, fourvoyé par mégarde, ou bien quelque pauvre diable de bohème, venait l'hiver se réchauffer dans un bon endroit, clos et couvert, et s'endormir au rythme monotone des paroles du brave savant tout heureux d'avoir un vrai public et s'enthousiasmant à l'explication du Ramayana ou des Védas !

Dans ce vieux pays, tout est matière à souvenir; chaque rue a eu sa brillante époque; les moindres ruelles, les plus étroits culs-de-sac ont leur passé et leurs illustrations : les rues de

La Harpe, Saint-Jacques, des Sept-Voies, des Carmes, Copeaux, aujourd'hui Lacépède, Mouffetard, la célèbre rue Mouffetard, qui, elle aussi, veut prendre des airs d'aristocrate, s'élargit et s'embellit. Ses antiques masures tombent chaque jour ; à la place surgissent de hautes maisons blanches : on dirait à son extrémité une sœur jumelle de l'avenue de l'Opéra. Pourquoi non ? Elle ne vous conduira pas au monument de Garnier, mais elle vous fera passer devant Saint-Médard, où le diacre Pâris ne fait plus de miracles depuis la défense du roi, et vous arrêtera devant la manufacture nationale des Gobelins, la première du monde en son genre. Si vous revenez un peu sur vos pas, vous vous trouverez en face de l'hôtel Scipion, sur une place qui a fait partie autrefois de l'ancien cimetière Sainte-Catherine, où, dit-on, furent déposés les restes de Mirabeau, exilés du Panthéon. Ils sont là, quelque part, et le passant les foule d'un pied indifférent tout aussi bien que les ossements des morts vulgaires dont la poussière est mêlée à celle du fougueux tribun.

Quelques pas plus loin passe le boulevard Saint-Marcel, avec son Marché aux chevaux qui a une entrée sur le boulevard de l'Hôpital. Nous pouvons nous arrêter un moment ; c'est jour de marché : le coup d'œil est pittoresque. Il y a déjà plus de trois siècles qu'il existe un Marché aux chevaux. Le premier remonte au commencement du règne de Henri III ; il fut bâti dans les cours et jardins de l'hôtel des Tournelles. En 1604, on le transporta sur un terrain qu'occupe aujourd'hui le boulevard des Capucines. En 1639, François Barajon, valet de chambre et apothicaire du roi, obtint le privilège d'établir un Marché aux chevaux dans le faubourg Saint-Victor. Louis XVI, le 7 septembre 1787, en fit faire l'acquisition par le lieutenant général de police, et, le 30 janvier 1811, un décret impérial le concéda définitivement à la ville de Paris.

Le Marché aux chevaux a été déplacé provisoirement lors du percement du boulevard Saint-Marcel, et installé sur le boulevard d'Enfer ; mais je ne sais en vertu de quelle loi naturelle tout ce monde de marchands, de chevaux et d'acheteurs, se sentait dépaysé dans cet exil temporaire ; les maquignons n'avaient plus la même vivacité d'esprit pour duper leurs acheteurs, et les acheteurs se montraient plus rétifs ; les chevaux même ne se piquaient plus d'honneur. Aussi, conformément à une délibération du conseil municipal, en date du 17 mars 1875, le Marché aux chevaux a été rebâti définitivement sur les terrains de l'ancien Marché restant libres après le percement du boulevard, et augmentés des terrains contigus. L'architecte, M. Magne, fut chargé de la construction.

Le nouveau Marché occupe une superficie de 20,000 mètres ; l'ancien n'avait que 16,980 mètres carrés. L'entrée principale sur le boulevard de l'Hôpital est formée de trois portes pour le service des chevaux et des fourrages, et de deux portes pour les piétons. A côté de ces portes sont les pavillons du concierge et du receveur. A l'angle de deux boulevards, se trouve la buvette avec terrasse plantée. Ce n'est pas la partie la moins utile de ce Marché : combien de ventes importantes sont terminées à l'amiable, le verre en main ! Le marchand a l'air si *bon enfant*, le client devient plus confiant, les transactions sont bien plus faciles : on trompe et on est trompé avec plus d'entrain.

L'entrée sur le boulevard Saint-Marcel est flanquée de deux bâtiments affectés au receveur et au poste des gardiens de la paix ; au premier étage logent deux employés.

Les trois portes qui forment l'entrée principale s'ouvrent sur une avenue de 12 mètres de largeur qui dessert, à l'est, le parc pour cent cinquante voitures, et, au sud, les stalles pour cent chevaux avec les bureaux pour la vente à l'encan. A l'extrémité de cette avenue et dans l'axe, un plateau planté d'arbres qui peut servir de refuge au public ; ce plateau se termine aux deux bouts par deux grandes vasques avec colonnes lampadaires, où les chevaux peuvent s'abreuver ; au centre du plateau, on a installé les bureaux de l'inspecteur de police et du vétérinaire ; à droite et à gauche sont deux chaussées parallèles formant la piste dont le développement est de 288 mètres. A la suite, sont symétriquement disposés six rangs de stalles en forme de cirque, pour l'exposition des chevaux : mille chevaux y peuvent trouver place.

L'entrée qui donne sur le boulevard Saint-Marcel dessert principalement l'essai pour les chevaux de trait ; l'essai, qui a la forme elliptique, contient deux rampes en fer à cheval ; entre

RUE GALANDE À PARIS

MARCHÉ AUX CHEVAUX (QUARTIER DES GOBELINS).

ces rampes s'étend un plateau, et, à l'extrémité, une remise voûtée pour mettre à l'abri les voitures et les harnais qui servent à essayer les chevaux.

Tout ce que nous venons de dire constitue la partie matérielle du Marché aux chevaux ; c'est la moins intéressante ; mais si vous aimez le pittoresque, si vous voulez faire des études de mœurs, si vous désirez rire aux dépens du prochain, décidez-vous à une promenade au boulevard Saint-Marcel, un samedi, par exemple. Certes, vous n'y verrez pas les plus beaux échantillons de la plus noble conquête que l'homme ait jamais faite ; les habitués de cet endroit sont des chevaux de travail, naguère peut-être chevaux de luxe ; ils y viennent souvent au nombre de sept cents, huit cents, mille parfois ; les acheteurs sont de braves commerçants, des cultivateurs, des bouchers, qui ne tiennent pas à l'élégance des formes ; mais vous n'y rencontrerez pas les délégués des compagnies des Omnibus ou des Petites-Voitures : ils connaissent trop bien la valeur de cette marchandise, et leurs chevaux ne font des apparitions sur ce Marché qu'à la fin de leur carrière, après avoir usé pendant quelques années le pavé de Paris : hélas ! c'est un funeste présage pour eux, ils ne sont guère bons désormais qu'à tourner toute une journée pour arroser les jardins d'un maraîcher ; quand les derniers restes de leur force se sont épuisés à ce triste métier, ils n'ont plus à espérer que le coup de grâce de l'équarrisseur, ou la boutique du boucher hippophagique sous forme de saucisson.

Les maquignons et en général tous les hommes qui vivent du cheval ne cherchent qu'une chose dans les ventes : tromper, duper le plus possible. Celui qui achète doit toujours s'y attendre, c'est admis. Plus un maquignon a dupé son acheteur, plus il a l'estime de ses confrères. Si la loyauté et la bonne foi étaient bannies du reste de la terre, il ne faudrait pas la chercher au Marché aux chevaux. La loi même ne peut rien ; on trouve toujours le moyen de l'éluder, de la côtoyer, et rarement le marchand se met en faute. Nul n'est adroit comme les gens de cette profession pour *habiller* un cheval. Vous vendez une rosse, trois jours après vous rachetez votre cheval sans vous en apercevoir — immédiatement ; — il a l'air fringant, vif, alerte ; vous êtes content de votre acquisition ; ce qui vous paraît singulier, c'est que l'animal sait parfaitement le chemin de l'écurie et va de lui-même voir s'il y a de l'avoine au ratelier. On composerait un volume avec les procédés ingénieux mis en usage par les maquignons ; il y a plus d'intrigues, il se dépense plus d'invention machiavélique dans un seul marché que dans une année de drames à l'Ambigu, à la Porte-Saint-Martin, au Château-d'Eau et même aux Nations ; on y débite plus de discours insinuants, plus de propos menteurs, plus de serments fallacieux que dans une séance législative. O Mercure ! ô dieu des voleurs ! ton culte sera florissant tant qu'il y aura des marchands de chevaux.

Remarquez bien, je vous prie, que je ne parle pas seulement des humbles industriels qui exploitent — exploiter est bien le mot — le Marché du boulevard Saint-Marcel. Les gros négociants, qui ont de belles écuries, et qui vendent — authentiquement — la postérité des Gladiateur, des Vermuth, de..... tous les grands vainqueurs aux jeux olympiques, n'ont rien à envier à leurs modestes confrères ; ils trompent mieux et avec plus de profit, voilà tout ; ils ne s'en croient pas moins honnêtes hommes pour cela, et figurent parfaitement parmi les membres d'un jury désigné pour condamner un voleur.

Quittons cet antre, cette caverne de..... faiseurs ; plaignons les clients, plaignons surtout les pauvres chevaux, dont la vie tout entière n'est qu'une suite de privations, de misères, de souffrances, de coups. Pauvres animaux, qu'ont-ils fait à la nature ? quels crimes ont-ils commis ? Ils passent leur existence à rendre service, et que reçoivent-ils en échange ? On dira : « Ils ont leur jour de triomphe : les hippodromes, les champs de course, Auteuil, Longchamp, Chantilly, Epsom, ont été témoins de leur gloire ; les champs de bataille les ont vus partager les *lauriers* de leurs cavaliers ! Hélas ! combien ils préféreraient, comme leurs frères sauvages, errer en liberté dans les forêts et les savanes ! Combien la description sublime du livre de Job, les beaux vers de Virgile, même traduits par l'abbé Delille, combien la belle page de Buffon les laisseraient froids s'ils pouvaient les lire ! Être la plus noble conquête de l'homme et finir à l'abattoir ou — ô honte ! — chez les charcutiers du marché des Patriarches !

RUE ST JULIEN LE PAUVRE, A PARIS.

Le boulevard Saint-Marcel, longtemps désert, commence à se peupler. De grandes maisons neuves, pareilles, hélas! à toutes celles que la spéculation élève à Paris, bordent ses deux côtés à droite et à gauche; mais les maisons ont beau se montrer neuves, blanches, éblouissantes, elles ont déjà la physionomie des quartiers pauvres; elles ont honte de leur éclat, et, pour se le faire pardonner, on les voit arborer à toutes les fenêtres, en guise d'étendards, des draps ou des langes que les ménagères font sécher au soleil.

Au point d'intersection du boulevard Saint-Marcel et du boulevard de l'Hôpital, à droite en se dirigeant vers la Seine, se trouve la Salpêtrière; un peu plus loin à gauche, un coin du jardin des Plantes. Nous ne nous arrêterons ni là ni ici, et nous nous dirigerons vers le pont d'Austerlitz. Saluons en passant le nom du général Valhubert, ce vieux brave, bien ignoré, qui mériterait une statue, et qui, en attendant, a donné son nom à une modeste place et a inspiré un poème touchant à François Coppée.

HIPPODROME D'AUTEUIL.

Du pont d'Austerlitz, la vue est admirable en amont comme en aval du fleuve. Suivons le courant, la Seine rencontre la petite île Louviers, qui n'est plus une île aujourd'hui. Le fleuve alors se partage, étend ses deux bras à droite et à gauche, les réunit plus loin à l'extrémité du quai Bourbon, et forme ainsi l'île Saint-Louis. Au moment où le bras gauche va rejoindre l'autre, un petit bras s'en détache, continue à couler en ligne droite jusqu'à l'extrémité du terre-plein du Pont-Neuf. La partie comprise entre ces deux courants se nomme la *Cité* ou *île Notre-Dame*. Les deux pointes de l'île sont ornées chacune d'un monument d'une destination bien différente. A la tête c'est la *Morgue*; de l'autre côté, c'est le *Vert-Galant*. A Paris, tout est contraste.

Le pont qui conduit du quai de la rive gauche à la Morgue se nomme *Pont de l'Archevêché*; cette désignation rappelle l'ancien palais archiépiscopal qui fut démoli après l'émeute du 14 février 1831. De la tête du pont, Notre-Dame présente vigoureusement son vaisseau majestueux à l'admiration du spectateur qui reste des heures entières en contemplation. Que de fois, accoudé sur le parapet, je suis demeuré en extase devant ce poème de pierre! Que de fois, en sortant de cette longue rêverie devant l'antique cathédrale, je suis rentré chez moi relire le chef-d'œuvre de Victor Hugo! En descendant le petit bras canalisé, on rencontre le *Pont au Double*, ainsi nommé parce qu'on payait, pour y passer, un *double* ou *deux deniers*. Il datait de 1634. Il a été rebâti de 1847 à 1848. On vient de le démolir pour le reconstruire dans l'axe de la rue et du pont d'Arcole. Un peu plus loin, c'est le *Petit-Pont*, le plus ancien de Paris, il est même contemporain de l'histoire de la Cité; c'est lui qui faisait communiquer l'antique Lutèce avec la rive gauche; il joua son rôle à l'époque des invasions normandes. Son entrée était défendue par le Petit Châtelet. On l'a réédifié en 1853.

Descendons encore : voici le pont Saint-Michel; après celui-ci c'est le Pont-Neuf, et, quelques mètres plus bas, le barrage de l'écluse de la Monnaie. Au sortir de cette écluse, les deux bras du fleuve se réunissent, et la Seine, belle et large, s'engage sous le pont des Arts, qui d'un côté mène au palais de l'Institut et de l'autre au Louvre.

En raison de sa canalisation, le petit bras de la Seine n'a qu'un courant fort peu sensible; aussi, dans les hivers un peu rigoureux, les eaux se congèlent rapidement, et la glace y acquiert une épaisseur considérable. Quand la débâcle arrive, des milliers de curieux, qui attendaient ce moment avec impatience, se rassemblent sur les ponts, sur les quais, partout où ils peuvent regarder : on a un léger aperçu des mers polaires; des glaçons énormes s'entrechoquent, se brisent, s'amoncellent, finissent par obstruer à moitié les arches des ponts. Qui ne se souvient encore du spectacle saisissant et pittoresque que présenta cette partie du fleuve, à partir du 3 janvier 1880? Tous les journaux en firent l'objet de leurs chroniques, et les feuilles illustrées y trouvèrent le sujet de dessins curieux et émouvants.

Le Pont-Neuf! C'est le plus populaire de Paris. Pendant de longues années, c'est sur ce point que la vie extérieure des Parisiens s'est longtemps portée; et ce nom aujourd'hui encore rappelle à la mémoire une foule de souvenirs intéressants. Sous le règne de Charles le Chauve, on bâtit un pont de bois sur piles de pierres pour unir les deux points de la ville qu'on appelle aujourd'hui quai de la Mégisserie et quai de l'Horloge. Plus tard, ce pont fut remplacé par un autre qui prit le nom de pont aux Colombes, du genre d'industrie qui s'y exerçait. Un ouragan l'emporta; on lui donna un successeur : ce fut le pont aux Meuniers, en raison du moulin qu'on éleva à l'extrémité; ce pont s'écroula en 1598.

Quant au Pont-Neuf proprement dit, Henri III en posa la première pierre, le 31 mai 1578; il venait d'enterrer ses deux favoris, Maugiron et Quélus. Jacques-Androuet du Cerceau, dont la famille existe encore, fut le premier architecte du pont. Ses honoraires se montèrent à la somme de cinquante écus. Les architectes de la Ville ou de l'État ne devenaient pas millionnaires en ce temps-là.

Les guerres civiles arrêtèrent la construction du Pont-Neuf. Henri IV, qui voulait embellir sa capitale, n'oublia pas ce monument qui fut repris en 1602 et terminé en 1604, sous la direction de l'architecte Marchand, maître des œuvres de la Ville; les mascarons qui en ornaient les corniches, et qui ont été reproduits lors de la dernière restauration du pont, étaient dus au célèbre sculpteur Germain Pilon.

Ce pont passait pour une merveille; il différait des autres par la courbe de ses arcs et sa construction en dos d'âne; il est porté sur douze arches, sept sur le bras droit de la Seine et cinq sur le bras gauche. Ce qui le distinguait encore, c'étaient ces espèces de demi-lunes qui sont appuyées sur les piles du pont. Dans ces espaces vides, de pauvres marchands dressaient leurs tentes et tâchaient d'attirer les passants; en 1776 on y construisit des boutiques; en 1848, lors de la restauration du pont, ces boutiques disparurent pour jamais.

Toutes les classes de la société se donnaient rendez-vous sur le Pont-Neuf. A quelque heure de la journée qu'on passât, on était sûr, selon un proverbe qui avait cours, de voir un cheval blanc, une courtisane, un frocard. A côté des boutiques des petits marchands, s'élevait le théâtre populaire de Mondor et de Tabarin. Qui ne se rappelle que Molière, qui n'était encore que Poquelin, s'échappait de la boutique de son père, pour aller écouter les parades de Tabarin? Un peu plus loin, c'était Desiderio Descombes qui émerveillait la foule de ses grands mots grecs et latins qu'il ne comprenait pas lui-même. Près de lui, maître Gonon divertissait les curieux par

LE PETIT BRAS DE LA SEINE LE 3 JANVIER 1880

son habileté qui côtoyait de fort près la fourberie. Au bout du pont, en face la rue Guénégaud, Brioché faisait manœuvrer ses marionnettes. Le gros Thomé, ni plus ni moins que les charlatans de notre siècle, arrachait les dents sans douleur; puis c'étaient les chanteurs de chansons nouvelles, les bretteurs, les racoleurs, les étudiants bousculant les bourgeois, les mendiants vrais ou faux, les coupe-bourses. Et la nuit! Oh! la nuit, le Pont-Neuf était comme les rues du Paris actuel, il appartenait à des bandes armées et audacieuses; et le guet avait soin de n'arriver, l'arquebuse au poing, que quand les voleurs avaient fait leur coup et disparu dans un autre quartier : absolument le système d'aujourd'hui.

Un écrivain du temps, auteur d'un poème burlesque sur Paris, parle ainsi du Pont-Neuf :

> Rendez-vous des charlatans,
> Des félons, des passe-volans,
> Pont-Neuf ordinaire théâtre
> Des vendeurs d'onguents et d'emplâtre,

Le Pont-Neuf.

> Séjour des arracheurs de dents,
> Des fripiers, libraires, pédans;
> Des chanteurs de chansons nouvelles,
> D'entremetteurs de demoiselles,
> De coupe-bourses, d'argotiers,
> De maîtres de salles métiers,
> D'opérateurs et de chimiques,
> Et de médecins purgatiques,
> De fins joueurs de gobelets,
> De ceux qui vendent des poulets...

On a fait des livres entiers sur le Pont-Neuf, et l'on en fera encore. C'est que l'histoire de ce petit point de Paris a été l'histoire de Paris même à l'une des époques les plus belles et les plus curieuses de son existence.

C'est en 1614 que fut placée, sur le terre-plein, la statue équestre de Henri IV. Le cheval de bronze n'arriva pas à cet endroit sans aventures : le duc de Toscane, Ferdinand, l'avait commandé pour sa propre statue au sculpteur Jean de Bologne; à la mort de Ferdinand, Cosme de Médicis en fit présent à la régente de France, Marie de Médicis. Le cheval de bronze fit naufrage sur les côtes de Normandie; il resta un an sous les eaux; enfin on le repêcha et on l'amena à Paris, où il fut destiné à recevoir la statue de Henri IV.

En 1792, la statue fut renversée et fondue pour faire des canons. Le monument que nous voyons aujourd'hui est dû au sculpteur Lemot; il a été inauguré le 25 août 1818 par le roi Louis XVIII. Ce rétablissement de la statue de Henri IV fut chanté deux ans plus tard par un jeune poète qui n'avait pas dix-huit ans : Victor Hugo.

Combien d'autres points mériteraient plus qu'un souvenir; mais il faut savoir se modérer. Du reste, les ponts de Paris sont encore à leur place; espérons qu'ils n'auront pas le même sort que le pont Notre-Dame « qui cheut en la rivière de Seine ». Voici comment le bureau de la Ville consigna le fait dans ses Registres :

« Le vingt-cinq^e jour d'octobre l'an mil quatre cens quatre vingtz dix neuf, environ l'eure de neuf heures au matin, le pont Notre-Dame, appartenant à la ville de Paris, lequel estoit fondé et porté sur pieulx de bois, et auquel avoit soixante cinq maisons, est cheut et tombé en la rivière de Seine. Et pour ce que la ruyne a esté preveue, les habitans dud. pont se sont saulvez, excepté quatre ou cinq personnes, et ont transporté la plus grant partie de leurs biens. »

La ville de Paris va publier incessamment ces curieux Registres, qui renferment des documents inappréciables et des plus intéressants. Les Registres du bureau s'ouvrent précisément par la relation de la chute du pont, et nous font connaître tous les détails administratifs relatifs à sa chute et à sa reconstruction. Nous pouvons toujours noter une particularité qui devrait faire réfléchir nos édiles et nos administrateurs municipaux. Dès que le pont fut tombé, on arrêta et on emprisonna le prévôt des marchands, Jacques Piédefer, avec les échevins en exercice. Un arrêt du Parlement, en date du 9 janvier 1500, fit à chacun sa part de responsabilité et les condamna à une forte amende. Autres temps, autres mœurs. Les ponts croulent comme autrefois, mais on n'emprisonne plus pour cela les successeurs du prévôt des marchands et des échevins.

Le spectacle que nous fournit la Seine est toujours attrayant : c'est une rue aussi active, aussi vivante, aussi fréquentée que les rues pavées; on y travaille, on s'y promène, on y habite, et maints bateaux servent de domicile à des familles nombreuses. On s'y amuse aussi; dès que les beaux jours reviennent, les établissements de bains se remplissent; ce sont partout des cris, des rires, des scènes plaisantes qui se répètent sur tout le parcours de la rivière. Ici des marinière s'interpellent; là des blanchisseuses agacent les voyageurs des bateaux-mouches. Plus loin des chants se font entendre; ils se rapprochent, écoutez :

I

Ohé! les canotiers! c'est aujourd'hui dimanche!
Accourez, gais rameurs, parez les avirons.
Laissons se reposer notre misaine blanche,
Et bravons les autans, autant que nous pourrons!
     Rivoyeurs, chaloupiers,
     Et vous tous, équipiers,
     Ohé! ohé! ohé!
Refrain : Ho! hisse! ho! hisse!
     Que chaque rame
     Fende la lame!
Et des quais et des ports entendez-vous les cris,
Les bravos, qui saluent les flambarts de Paris?
     Voilà! voilà!
Oui, voilà les plaisirs, le bonheur et les cris
     Des vrais flambarts de Paris!...

Que signifient ces cris, ces chants plutôt, répétés en chœur au milieu de la Seine? Bon, ce sont des navigateurs; des marins au long cours; des canotiers enfin avec leurs canotières. Quel entrain! Comme ils font force de rames! Où voguent-ils? Quelle Amérique vont-ils découvrir?

ENVIRONS DE PARIS. — CAROTTES.

Ils n'en savent rien. Ils continuent, insouciants, leur route et leur chanson. Écoutons jusqu'à ce qu'ils disparaissent.

II

Du canotier pur sang le dimanche est la fête;
Dès l'aube on peut le voir, arrimant à son bord;
Endossant le roquet, vareuse et salopette,
Il s'en va rivoyer de bâbord et d'tribord.
   Les enfants, la....bell'mant!
   Louvoyons coquett'ment! Ohé!...

III

Qu'il est beau, l'canotier, quand le flot le promène;
Quand, toutes voiles hors, on peut le voir filer!
Qu'il est beau, répondant, en maître de la Seine,
Aux signaux des canots qui viennent le héler!
   Équipiers, à tribord!
   On nous hèle : Ohé! du bord! Ohé!

IV

Quand il a bien ramé, nouvel être amphibie,
Le moderne écumeur s'en va gagner son lit;
Le dimanche suivant, il reprendra sa vie ...
Et cet air de loup d'mer qu'il prend avec l'habit.
   Quelquefois en dormant
   Il répète en rêvant :
   Ohé! ohé! ohé!
   Ho! hisse! ho! hisse!
   Que chaque rame
   Fende la lame!

Les voilà passés, ces gais canotiers! Les chants se perdent dans le lointain; et leur légère embarcation disparaît là-bas, du côté de Charenton. Bon voyage! bon vent! Naviguez, ramez en cadence, au rythme de cette *Marseillaise* du canotage qu'ont redite si souvent les échos de Chatou, de Bougival ou d'autres ports de mer semblables, chers aux pilotes pour rire. Ces couplets que vous répétez si gaiement sont bourrés de termes techniques que vous ne comprenez pas; qu'importe! chantez toujours, la jeunesse est comme votre canot, elle passe vite; mais votre canot reviendra ce soir, et la jeunesse, hélas! ne revient plus!

Les canotiers de la Seine peuvent revendiquer une haute et antique origine : ce sont les descendants directs des *nautæ parisienses*, bateliers parisiens qui peuplaient la petite île de la Cité bien avant Jules César; de ces pêcheurs ou marchands dont les barques couvraient le fleuve et frappaient d'étonnement les pirates normands qui avaient remonté le courant pour assiéger Lutèce, et surtout de ces braves passeurs dont les esquifs légers et enguirlandés allaient tous les soirs débarquer dans l'île de la Gourdaine, ou dans un autre îlot solitaire et désert, d'heureux couples de beaux amoureux, de « blonds escholiers et des clercs bruyants désireux de s'esbaudir un peu avec quelques ribaudes ». Temps heureux, lorsqu'on le regarde à travers le prisme des années! N'ont-ils pas encore pour ancêtres ces notables bourgeois qui faisaient partie de la grande et florissante corporation de la *marchandise de l'eau*, corporation qui a donné naissance à l'échevinage parisien et a permis à la Ville de porter dans ses armoiries la *nef* ou *vaisseau*, avec autant d'orgueil que nos grandes cités maritimes.

Comme les *marchands de l'eau*, les *flambarts* de la Seine se sont organisés aujourd'hui en sociétés régulières : ils ont leurs journaux, leurs luttes, leurs fêtes, leurs hommes illustres, dont ils sont fiers. Ce sont d'ailleurs de charmants esprits qui ont mis, ou remis, le canotage en vogue. Un jour, Théophile Gautier avait fait un voyage au long cours : il était allé du quai d'Orsay au Havre et du Havre au quai d'Orsay; cette navigation était une des grandes époques

BILLANCOURT.

de sa vie; il en parla toujours. A son retour, il ne jurait que par des *Tonnerre de Brest!* et des *Mille sabords!* Il embauche Alphonse Karr et Léon Gatayes, déjà à moitié loups de mer, et avec eux organise des promenades sur la Seine. Dès lors le canotage fut à l'ordre du jour, et yoles, péniches, gigs, cutters, lougres, goélettes, périssoires sillonnaient le fleuve avec des équipages aussi dévoués à Cupidon qu'à Neptune, avec des cargaisons de rires, de chants, de jeunesse.

Le canotier doit avoir quinze ans au moins, cinquante ans au plus; il est vigoureux, agile, ni manchot, ni myope : un canotier en lunettes serait un contre-sens; il fume à bord, il fume à terre, et bourre sa pipe avec du vrai caporal; si, par suite d'un naufrage, d'un coup de vent, d'une fausse manœuvre, il tombe à l'eau, vous ne le verrez pas changer de vêtements : il les gardera une heure au moins. Qu'importent les fluxions de poitrine? d'ailleurs, il ne les craint pas; c'est un vieux dur à cuire. Probablement, dans la vie ordinaire, chez lui, il évite le plus petit courant d'air, et change de gilet de flanelle lorsqu'il se croit mouillé de sueur.

Le monde des canotiers se recrute un peu partout, mais dans la bourgeoisie principalement : ce sont des artistes, des commerçants, des employés de toutes sortes, des étudiants. Le cadre de recrutement des canotières est plus restreint sans doute, mais il y a assez d'enrôlements pour satisfaire à tous les besoins du service. Quant au personnel masculin, à Joinville, à Bercy, à Billancourt, à Asnières, il n'y a plus que des canotiers. En mettant le pied dans l'embarcation, chacun perd son nom propre, chacun a son sobriquet : « Allons, ferme! l'Araignée! — Tiens bon, l'Écureuil! — Grain-de-Sel, par tribord! — Cargue la voile, Fil-de-Fer! — Et toi, Gueule-d'Acier, nage, mon fils, nage! » Comment sous ces vocables pittoresques reconnaîtriez-vous M. X., le célèbre avocat; M. Y., le peintre médaillé au dernier Salon; M. Z., le fameux banquier de la Chaussée-d'Antin?

A côté du canotier, la canotière; c'est le complément obligatoire de l'équipage; chaque matelot peut avoir la sienne. A quel monde appartient-elle? Il serait assez difficile de le dire au juste. Depuis longtemps elle a jeté son bonnet par-dessus les moulins et a toujours oublié de le ramasser. On l'emprunte, pour la circonstance, à quelque magasin de modes ou de lingerie, où le plus souvent elle brille par son absence; mais bah! la vie est courte! c'est si bon de s'amuser, de chanter, de rire et de boire! Généralement son costume est un peu écourté; il faut bien se mettre à l'aise en canot; et puis, elle n'a pas de préjugés; on fait plus que de deviner sa jambe; mais elle est si jolie! son langage est celui de l'endroit; sa tenue? allez donc demander à des matelots la tenue d'un sénateur ou d'un magistrat? Notez que son camarade, dont elle ignore le nom, est peut-être un magistrat ou le sera un jour; elle peut bien lui emprunter son sans-gêne et même son costume qui fait valoir ses formes accusées. Elle ne fume pas encore la pipe, mais le cigare; la cigarette, cela ne compte pas.

Allons! en route! pour Joinville, pour Nogent, pour Bercy! En route! Voici Sèvres, Saint-Cloud, Suresnes, Asnières, Argenteuil, Chatou, Bougival, Poissy! Le canotier promène partout sa gaieté insouciante, son intarissable bavardage, sa bonne humeur franche et inaltérable. Il ne craint rien : la pluie, la chaleur, le vent, le froid ne sauraient l'arrêter. On le voit passer aussi rapide qu'une flèche sur le fleuve, qui paraît devant lui comme une nappe d'argent au soleil, et qu'il fait rejaillir autour de lui en perles et diamants. Quelque riverain parfois lui adresse en passant une raillerie, un sarcasme; il ne s'en soucie pas : n'a-t-il pas à son service un vocabulaire épicé qui fait sourire avec indulgence, tant sa gaieté, sa verve, son air de jeunesse corrigent la crudité de l'expression; il continue sa route; il ne ressent pas les fortes émotions du marin qui traverse les océans; mais, pour être plus douces, les impressions qu'il peut saisir au passage n'en sont pas moins précieuses. Il n'a pas le drame, mais il se contente de l'idylle. Le fleuve magnifique se déroule lentement à ses yeux, avec toute la poésie de ses ravissants paysages; les bords de la Seine sont splendides; on va bien loin chercher la belle nature : elle est là, à deux pas, elle nous sourit et nous invite. Le canotier découvre des îles de verdure, des golfes ombragés, des promontoires plantés de grands arbres avec des bouquets et des chalets; plus loin, des baies étroites et silencieuses qui portent à la rêverie; ici un naturel de ces pays lointains vous regarde

LE VIEUX BERCY.

passer bouche béante et vous suit des yeux jusqu'à ce que vous ayez disparu dans les mille sinuosités du fleuve. Le canotier sait où faire escale : ici c'est une tonnelle où s'entrelacent le lierre et le houblon; plus loin c'est un cabaret renommé pour sa friture; d'ailleurs, il est sobre, si les circonstances l'exigent; il pense au radeau de *la Méduse* et se trouve heureux. Il déjeune au besoin d'un morceau de pain et de fromage, mais il ne boude pas devant un festin de Lucullus, c'est-à-dire devant une matelote, une friture, une omelette au lard, le tout arrosé du petit vin blanc du cru, de ce *picolo* qui parfois monte à la tête et fait craindre pour la manœuvre. Mais bast! le canotier ne descend-il pas du patriarche Noé, patron du grand canot de sauvetage au temps du déluge; et ce brave ancêtre n'a-t-il pas, lui aussi, chancelé plus d'une fois?

Si les canotiers de la Seine voulaient se faire une histoire, ils auraient certainement plusieurs chapitres curieux à écrire; ils ont des fêtes nautiques, des régates d'où ils sont souvent sortis vainqueurs, comme certaines peuplades grecques aux joutes olympiques; tout cela fournirait le canevas de pages intéressantes; mais, surtout, cette histoire aurait une partie vraiment belle et toute à leur honneur; ce serait celle où seraient consignées les belles actions des marins de la Seine. Que de fois un canotier s'est précipité tout habillé dans le fleuve pour en retirer un enfant, une femme, un désespéré même, et cela sans vouloir de récompense, ne livrant même pas le secret de son nom véritable! Quelques-uns même, — mais ceux-là opéraient loin du monde connu, dans les lointains parages de Nogent ou d'Argenteuil, — quelques-uns même, jaloux de sauver un ou plutôt une de leurs semblables, ont fait faire le plongeon aux dames qui partageaient les périls de leur navigation, pour avoir le plaisir de leur sauver la vie : ils n'ont jamais réclamé la prime pour ce genre de sauvetage.

Le dimanche est terminé; le soleil s'est couché là-bas, bien loin, à l'occident : la journée a été chaude, il vente frais maintenant, c'est l'heure de rentrer. Adieu, fleuve! adieu, canot! à dimanche prochain, plus tôt même, si le calendrier ramène quelque bonne fête chômée. Les canotiers retournent, les uns à leur étude, les autres à leur comptoir, d'autres à leur bureau ou à leurs clients. Les vrais mariniers vont surveiller les barques des marins. Donc, à dimanche, canotiers et canotières!

Naguère encore, nos joyeux canotiers aimaient Bercy; avant le chemin de fer, les quais de la Râpée et de Bercy étaient vivants et animés : le commerce et les marchands, les plaisirs et la jeunesse s'y donnaient rendez-vous.

« C'est la Râpée, ce sera tout à l'heure Bercy, dit M. Jules Claretie. Des caves et des chantiers de bois, du vin et du charbon de terre. Les berges sont vastes, les maisons basses. Les chiens courent librement; on va baigner les chevaux à la rivière. Il n'y a pas cinquante ans ces terrains étaient presque vagues et comme abandonnés. Ils avaient eu pourtant leur moment de gloire. La Râpée! Ce fut un lieu de plaisir, l'Asnières de la Restauration et de l'Empire. On y allait en partie fine, manger une *friture* et boire du *petit bleu*, en compagnie de quelque grisette. En ce temps-là, la grisette vivait encore. Cela s'appelait La Râpée depuis Louis XV. M. de La Râpée y avait fait bâtir une sorte de pavillon de Hanovre et avait donné son nom au village. — C'était un village. — La Râpée aujourd'hui est mort; mais prononcez ce nom devant quelqu'un de vos grands-oncles, notaire ou juge de paix, quelque part, au fond de votre département, il vous répondra, hochant la tête, souriant et levant les yeux : « Ah! La Râpée! Les « robes blanches et les goujons sautés dans la poêle! Les filles légères et les crêpes lourdes! le « code buissonnier et l'amour du dimanche!... » Mais le temps a marché, les neiges d'antan sont fondues, les crêpes se portent au chapeau, et les grisettes ont rédigé leurs lettres de faire part. *Hic jacent.* »

C'était cela autrefois, en effet, mais aujourd'hui, quelle différence! Ce Bercy-là n'existe plus; de l'entrepôt lui-même, il ne reste plus guère que le nom; on l'a expulsé de Paris, au delà des fortifications. Le vieux Bercy est en ruines : l'expropriation a passé par là, au grand profit des indigènes ou des colons. Les vins, les eaux-de-vie, les huiles, les vinaigres, tout a déménagé ou déménagera bientôt. Seuls, les bois de chauffage, les charbons et autres marchandises du même genre demeureront fidèles à ces quais jadis si animés, et l'on verra dans quelques années s'élever de belles et grandes maisons neuves, où les ouvriers pourront se loger à bon marché. Disons tout de suite que cela n'est qu'un souhait.

Puisque nous venons de parler de maisons neuves, rappelons le souvenir du beau château que la construction du chemin de fer a fait disparaître. Ce château est tombé, au mois de septembre 1861, sous le pic et la pioche. Un architecte de renom, le même qui fit élever l'hôtel Lambert, L. Le Vau, avait dressé les plans de cette magnifique résidence sur les dessins mêmes de François Mansart. Ce château était encore pour un homme de robe, M. Le Malon, président au Parlement de Paris. Ce président était pourtant renommé pour son avarice sordide; mais, à cette époque, les robins se faisaient un point d'honneur de loger dans les hôtels les plus beaux, les plus luxueux, les plus artistiques de Paris. Aussi, presque toutes les splendides maisons que Paris a conservées, en se remettant à neuf, et qu'il aime à montrer avec orgueil aux étrangers, sont dues à des magistrats, à la noblesse de robe; l'hôtel Carnavalet lui-même n'a pas d'autre origine; et quand ces personnages, lettrés, savants et aimant les arts, ne faisaient pas bâtir ces logis, ils tâchaient de les acquérir, et les faisaient décorer par les plus grands artistes de la capitale, c'est-à-dire du monde.

Dans le château de Bercy, on pouvait remarquer des chefs-d'œuvre. La salle à manger était ornée de tableaux de Snyders, le grand peintre d'animaux; il y avait aussi des figures peintes par Jordaens; dans le vestibule, sur le jardin, quatre grands tableaux avaient été faits par Carrey, pour M. de Nointel, ambassadeur de France en Turquie. Cette particularité a fait croire, à tort, que le château de Bercy avait appartenu à M. de Nointel : c'est une erreur; il ne cessa d'être la propriété de la famille Le Malon que pour devenir celle de Nicolaï, quand la postérité du président Le Malon fut entièrement éteinte en 1809. Le parc, environné de beaux jardins, et bordé, le long de la Seine, par une magnifique terrasse, avait été dessiné par le célèbre Le Nôtre; en 1706 le petit-fils du président l'avait fait considérablement embellir; dans le fourré, on avait percé des allées et on avait fait élever une superbe terrasse.

La Révolution ne fut pas favorable au château de Bercy; il ne fut pas morcelé, mais pendant plusieurs années on le ferma; ses dépendances furent louées à diverses personnes, qui ne songèrent qu'à en tirer profit : les unes exploitèrent les arbres, les autres labourèrent les allées et y semèrent du blé. La France, alors, avait la rage de la destruction et il est impossible de compter le nombre des beaux monuments en tout genre qu'un vandalisme sauvage a renversés, détruits, anéantis. Toutefois, pour le château de Bercy, on respecta l'intérieur des appartements, et lorsque, en 1809, la famille Nicolaï y entra, le tout se trouvait à peu près intact. Quand le chemin de fer eut traversé son parc, M. de Nicolaï se décida à le vendre. M. Pereire et le Crédit mobilier en offraient 9,500,000 francs; le domaine allait être vendu, quand une des parties contractantes demanda un délai de vingt-quatre heures. Dans l'intervalle, une société de capitalistes en proposa un million de plus; ce qui fut accepté. « Bientôt, dit M. L. Lazare, les marbres et les sculptures, les devises et les guirlandes, les hauts pilastres ioniques et les grands trophées de cette habitation magnifique jonchèrent le sol et ne parlèrent plus à cette banlieue active qui les avait si longtemps admirés. »

Veut-on une preuve de la richesse des ornementations du château de Bercy? C'est le prix excessif auquel furent vendues les boiseries. Un amateur en avait offert cent mille francs; on préféra les vendre au détail, et on en retira plus du double de la somme offerte. La boiserie d'un seul petit salon fut vendue 25,000 francs pour l'impératrice Eugénie : cette boiserie avait été poussée aux enchères par un Russe et un Anglais qui se la disputaient avec acharnement. Le corps de la bibliothèque fut adjugé 27,000 francs; tout le reste se vendit dans les mêmes proportions. Où se trouvent maintenant toutes ces merveilleuses choses qui attestaient le goût de nos devanciers? Ces petits chefs-d'œuvre sont dispersés; la France et l'étranger se sont disputé les moindres objets dont la valeur augmente avec les années. Aujourd'hui nous avons l'or pour acheter, mais le goût nous manque, et nous n'osons rien inventer.

Ne quittons pas Bercy, sans dire un mot des bâtiments qui s'élèvent, en dehors de Paris, après les fortifications. Ce sont les nouveaux entrepôts des liquides que construit M. Lheureux, un des architectes de la Ville de Paris. L'ancien entrepôt était devenu insuffisant : Paris devient de plus en plus altéré; Bercy avait beau faire affluer les vins de la France et de l'étranger; Bercy avait beau fabriquer, travailler, multiplier à l'infini le miracle des noces de Cana; tout cela ne suffisait pas. D'un autre côté, presque tous les ans, la Seine, envahissant ses rives, rendait toute transaction à peu près impossible, pendant des semaines entières. Le fleuve allait, venait, montait; il circulait librement à travers les rues des magasins, entrait même dans les magasins et dans les bureaux, emportait tout ce qu'il trouvait à sa convenance : tonneaux pleins, tonneaux vides, bois de chauffage, guérites, bateaux de pêcheurs, bateaux de blanchisseuses, madriers, poutres et mille autres épaves : tout cela allait se heurter, se briser contre les piles des ponts, sous les yeux des badauds pour qui c'était une bonne fortune. Les pertes occasionnées par ces sinistres périodiques se chiffraient par millions. Heureux quand il n'y avait pas de victimes!

Le nouvel entrepôt de Bercy est situé hors des fortifications, comme nous venons de le dire; ce sera en quelque sorte une ville neuve, remuante, active, qui bientôt ne fera qu'une avec Charenton. Tout un peuple de négociants, de commissionnaires, de courtiers, d'employés, de clients, de tonneliers, de charretiers travailleront là à désaltérer Paris. Aujourd'hui les travaux de ces constructions s'avancent, et c'est vraiment chose curieuse à examiner que ces vastes chantiers où se meuvent tant d'ouvriers en bâtiment : c'est une physionomie toute particulière, et qui ne ressemble en rien à celle que présentaient les chantiers de l'Hôtel de ville, ou que nous offre actuellement l'hôtel des Postes.

Désirez-vous connaître la superficie de l'entrepôt : il aura 417,132 mètres environ, dont 211,590 pour les voies d'accès, et 205,542 pour les constructions proprement dites. La longueur totale en doit être de 1,275 mètres; la plus grande largeur aura 408 mètres et la plus petite 290. On estime que les travaux, qui nécessiteront une dépense de 36 millions environ, seront terminés vers 1886.

Puisque nous sommes à Bercy, que nous avons admiré sa population, ses souvenirs, son commerce, son port, son entrepôt, rappelons-nous que la Seine n'est pas seule à offrir un coup d'œil pittoresque au flâneur qui s'égare sur ses rivages. Allons dans les quartiers excentriques, dans les faubourgs les moins aristocratiques, et jetons un regard sur le canal; nous y trouverons aussi des sujets d'admiration. L'industrieuse activité de Paris est partout, Paris a partout la fièvre; du matin au soir, de l'est à l'ouest, du nord au sud, au-dessus ou au-dessous, il va, il vient, il se meut, il travaille. Mais le canal Saint-Martin, où est-il? Où passe-t-il? On le foule aux pieds; on marche dessus comme saint Pierre sur le lac de Génézareth, on le traverse en tous sens, et on ne s'en aperçoit pas. Le magnifique boulevard Richard-Lenoir recouvre ce canal; vous croyez vous promener dans une large avenue, plantée d'arbres, entrecoupée de verts jardins; pas du tout, vous marchez sur une rivière. Sous vos pas d'énormes bateaux transportent du blé pour vous nourrir, du charbon pour vous chauffer, des pierres pour paver vos rues et bâtir vos maisons! Suivez, suivez toujours ce splendide boulevard, vous arriverez à un endroit où le canal est à ciel ouvert; vous serez au quai de Jemmapes; vous vous appuierez sur le parapet du quai et vous resterez en contemplation à la vue de ces embarcations qui montent ou descendent pour apporter au grand gouffre parisien, à l'insatiable minotaure sa contribution quotidienne. Comme contraste à ces bateaux voyageurs, vous pourrez regarder un moment les établissements où les blanchisseuses, le battoir à la main, rieuses, plaisantes et sans souci, remettent à blanc, par toutes sortes de moyens, le linge des Parisiens et des Parisiennes, au grand profit des marchands de toile et des fabricants de chemises.

Si vous désirez étudier ces joyeuses et laborieuses industrielles, vous n'avez qu'à rétrograder et à revenir au centre de Paris, sur les bras de la Seine, surtout à droite et à gauche de l'île Saint-Louis :

Ville de la province égarée en Paris!

« Ce quartier, écrivait Mercier, il y a cent ans, semble avoir échappé à la grande corruption de la ville. Aucune fille de mauvaise vie n'y trouve un domicile. Dès qu'on la connaît, on la pousse, on la renvoie plus loin. Les bourgeois se surveillent, les mœurs des particuliers y sont

LE QUAI JEMMAPES A PARIS

BERCY PENDANT L'INONDATION.

connues; toute fille qui fait une faute devient l'objet de la censure et ne se marie jamais dans le quartier. Rien ne représente mieux une ville de province de troisième ordre, que le quartier de l'Ile. On a fort bien dit :

« L'habitant du Marais est étranger dans l'Ile. »

Ce qui était vrai du temps de Mercier l'est encore aujourd'hui. L'île Saint-Louis est la patrie des bons bourgeois qui se lèvent tard et se couchent de bonne heure. Les marchands de vin, les cafés, les restaurants ne pullulent pas dans cette partie de Paris; les maisons neuves mêmes ont de la peine à s'y acclimater; elles se trouvent gênées parmi ces sévères habitations qui datent de Louis XIV et de Louis XV. Le poëte, l'artiste, le rêveur doivent se plaire dans ces vastes pièces, calmes et un peu froides, qui ont gardé leurs décorations intérieures des XVIIe et XVIIIe siècles. Les bruits du vrai Paris ne viennent pas jusque-là troubler leur solitude et leur recueillement. Les rues sont étroites; elles semblent avoir été faites plutôt pour la circulation des chaises à porteurs que pour celle des voitures. Heureuse population! Cœurs naïfs et purs! Si la simplicité et la bonhomie étaient bannies du reste de Paris, elles se retrouveraient dans le cœur des naturels du quartier de l'île Saint-Louis.

L'île Saint-Louis possède cependant quelques curiosités : d'abord son église, qui porte le même nom; puis plusieurs beaux hôtels. Sur le quai d'Anjou, au numéro 17, se trouve l'hôtel Lauzun ou Pimodan, qui avec son dernier propriétaire a, pour ainsi dire, reconstitué tout son passé des deux derniers siècles. Non loin, on peut voir l'hôtel Chenizot et l'hôtel Jossand; celui de Bretonvilliers s'élevait à la pointe de l'île; sur le préau s'ébattaient les basochiens de la cour des Aides vers la fin du règne de Louis XV. Cet hôtel n'existe plus depuis la construction du pont Sully. De là, pour qui regarde en amont du fleuve, on a une vue admirable qui s'étend jusqu'au confluent de la Seine et de la Marne.

Mais de toutes ces habitations princières, de toutes ces merveilles que nous a léguées la magistrature du siècle de Louis le Grand et de Louis le Bien-Aimé, la plus belle, la plus célèbre, la plus splendide, c'est l'hôtel Lambert, situé à la pointe de l'île.

Le fondateur intelligent de ce chef-d'œuvre d'architecture, Nicolas Lambert de Torigny, n'était qu'un simple bourgeois, maître des requêtes au Parlement. Il chargea de la construction de l'hôtel l'architecte Louis Le Vau qui s'acquitta admirablement de sa tâche; nous n'avons pas à la décrire : nous dirons seulement que Nicolas Lambert ne montra pas moins d'intelligence et de goût dans le choix des décorateurs de cette somptueuse demeure que dans celui de l'architecte. Il s'adressa aux deux plus grands peintres que possédait alors Paris, puisque le Poussin était à Rome : je veux dire Eustache Lesueur et Charles Lebrun. Comme chacun sait, Voltaire y habita, avec la fameuse Mme du Châtelet; il eut pour cabinet le charmant salon où Lebrun avait peint le tableau, si vanté et si digne de l'être, d'*Apollon et les Muses*, qu'on peut admirer aujourd'hui au musée du Louvre; il rendit hommage au génie de Lesueur et de Lebrun, au talent intelligent de Le Vau, et fit part de son enthousiasme au Grand Frédéric :

« C'est, disait-il, un hôtel bâti par un des plus grands architectes de France, et peint par Lebrun et Lesueur. C'est une maison faite pour un souverain qui serait philosophe. Elle est heureusement dans un quartier de Paris qui est éloigné de tout, c'est ce qui fait qu'on a pour deux cent mille francs ce qui a coûté deux millions à bâtir et à orner.

« Lesueur, Le Brun, ces illustres Apelles,
« Ces rivaux de l'antiquité,
« Ont en ce lieu charmant étalé la beauté
« De leurs peintures immortelles. »

Après Mme du Châtelet, l'hôtel Lambert fut habité par les financiers Dupin et Delahaye, puis par M. de Montalivet, sous le premier Empire. La Restauration en fit un des magasins de l'administration des lits militaires; ce fut la princesse Czartoryska qui lui rendit une destination plus noble, en en faisant l'acquisition. En cela, elle se montra plus soucieuse que nous de la gloire artistique de la France; et elle sut choisir, pour les travaux de restauration, un architecte intelligent qui conserva au monument son caractère primitif.

L'île Saint-Louis communiquait naguère avec la rive gauche par la passerelle dite de Constantine, jetée sur deux piles laissant entre elles un espace de cent deux mètres et s'élevant chacune à vingt-trois mètres de la rive. Un beau jour on voulut reconsolider cette passerelle; le lendemain du jour où furent terminés les travaux de restauration, la passerelle craquait par le milieu et s'effondrait dans l'abîme. Un pont large et solide, jeté en biais sur la Seine, le pont Sully, la remplace avantageusement et le piéton y peut marcher en sûreté, sans ressentir ce balancement continu qui donnait autrefois un avant-goût du mal de mer.

En descendant la Seine, l'on rencontre ensuite le pont de la Tournelle; le grand entrepreneur des constructions de l'île Saint-Louis, Marie, le bâtit en 1614 sur l'emplacement d'un ancien pont en bois. Il le fit d'abord en bois, comme le premier; mais les eaux l'emportèrent en 1637; relevé aussitôt, il fut encore détruit en 1651. Alors on le construisit en pierre. Son nom lui vint d'une petite tour, ou *tournelle*, située à l'entrée, sur la rive gauche, et qui ne disparut qu'en 1787. Le pont de la Tournelle, absolument insuffisant à la circulation très active en cet endroit, fut complètement restauré en 1847.

Je vous raconterais bien l'histoire émouvante du chien de Montargis, dont le maître, Aubry de Montdidier, fut assassiné sous Charles V dans la forêt de Bondy, par un certain chevalier du nom de Macaire; mais le fait est trop connu; disons seulement qu'il eut son dénouement dans un terrain vague de l'île Saint-Louis.

En marchant toujours au hasard, je me trouve, je ne sais comment, au pont Marie. Ce pont, situé dans l'axe de celui de la Tournelle, fut commencé en 1614 par le même entrepreneur Mᵉ Marie, et il eut pour parrain et marraine Louis XIII et Marie de Médicis. Il ne fut achevé qu'en 1635. Cinquante maisons étaient bâties sur ce pont. En 1658, les grandes eaux emportèrent deux arches et vingt-deux maisons; les arches seules furent reconstruites et trente ans plus tard les maisons qui restaient encore furent démolies. Ces faits historiques me trottaient dans la tête en arrivant en cet endroit, et je m'applaudissais de ces démolitions, en voyant une foule énorme encombrer le parapet du pont. Un curieux spectacle m'attendait sans doute. Qu'y a-t-il? Un chien qui se baigne? Un bateau qui chavire? Un noyé qu'on repêche? Je ne sais, mais cela doit être bien intéressant si j'en juge par le nombre des badauds. Tâchons de voir. Mais voilà le difficile : cinq cents personnes se bousculent, se heurtent, se donnent des coups de coude, jurent, crient, s'insultent, afin d'arriver au premier rang où l'on peut se faire écraser à son aise. Je vais, je viens, j'interroge :

— Qu'y a-t-il?

Une jeune fille, un paquet à la main, me répond : « Je n'en sais rien, Monsieur; j'ai vu la foule arrêtée, je me suis arrêtée; je voudrais bien savoir; mais je suis modiste et je porte un chapeau neuf à une cliente; je ne veux pas le faire aplatir. »

Moi je n'ai pas de chapeau à endommager, je cherche une place; un gros vieux petit monsieur, rouge, essoufflé, la figure en nage, parvient à se dégager; je comble le vide, en marchant sur le cor d'un voisin qui jure après moi; je ne songe pas à m'excuser et je regarde!...

J'aperçois... l'eau qui coule, un bateau de laveuses, une ou deux barques, avec quelques désœuvrés — pas si désœuvrés que nous — qui, le bras allongé, tendent une ligne au fil de l'eau. J'interroge de nouveau mon voisin, un indigène sans doute de l'île Saint-Louis, qui vient là faire sa digestion, et je lui demande ce qu'on regarde.

— Vous ne voyez pas, Monsieur, ces pêcheurs à la ligne?

— Très bien; je vois parfaitement; mais qu'ont-ils de particulier?

— Ce qu'ils ont? Quelle patience, Monsieur! Tenez, moi qui vous parle, voilà plus de deux heures que je suis à cette place. Eh bien! Monsieur, à eux cinq, ils n'ont pas encore pris un seul goujon! Quelle patience! Monsieur, quelle patience!...

La pêche à la ligne! oui, c'est vrai pourtant qu'il y a des gens qui pêchent à la ligne; chez qui cela devient une passion; qui oublient le boire, le manger, le dormir, pour ne penser qu'à leur place favorite, qu'au goujon qui frétille, qu'à l'appât qui grouille, qu'au frémissement qui parcourt la foule des badauds quand une proie se débat au bout de l'hameçon! Un plaisant insolent, dont je tairai le nom, a écrit ces mots : « La ligne est un engin commençant par un imbécile et finissant par une bête. » Cela fait rire; mais, n'en déplaise à cet écrivain, cela n'est pas vrai. Non! non! le pêcheur à la ligne, vraiment digne de ce nom, n'est pas un imbécile. Car je ne comprends pas, dans cette illustre corporation, ces gens qui encombrent les berges, les quais et même les ponts; ces gamins qui font l'école buissonnière, ces portiers en rupture de loge, ces épiciers retirés qui ne savent plus comment tuer le temps depuis qu'ils ont abdiqué la cassonade et la mélasse; ces petits employés malingres, caducs, chétifs, assis sur les dalles des quais, les jambes pendantes, les yeux fixes, l'air abruti. Non, le vrai pêcheur à la ligne, le seul, l'authentique, a une physionomie honnête; simple est sa tenue; il porte une blouse serrée à la taille, un chapeau de paille à larges bords; son pantalon de coutil recouvre une paire de souliers solides; n'allez pas lui donner une ligne de luxe, un flotteur à couleur voyante, des hameçons perfectionnés. Rien de tout cela : c'est lui-même qui se fabrique ou qui choisit ses instruments; dans sa poche sont ses amorces, ses lignes de rechange, ses hameçons, en un mot, tout l'attirail nécessaire; sur son dos, en bandoulière, est l'épuisette retenue par une courroie; par derrière, le panier d'osier qui doit renfermer sa proie. Ses places sont choisies à l'avance : celle-ci est préférable en telle saison; celle-là en telle autre; il connaît les époques, les endroits où le poisson donne; ce n'est pas le premier venu : mieux qu'un professeur au Muséum, il connaît à fond les mœurs, les habitudes, le caractère du poisson; le fond de la rivière lui est aussi familier que la rue de Rivoli; il vous dira : Ici, il y a du sable; là, c'est de la vase; il flaire les variations de l'atmosphère, les changements de vents, la hausse ou la baisse de la température; un vrai pêcheur doit trouver du poisson là où il n'y en a pas. Vous, simple et ignorant profane, vous pêcherez deux heures dans un endroit, sans rien prendre : quittez votre place, il viendra s'y mettre, et au bout d'une minute, sous vos yeux, il lèvera une pièce magnifique.

La pêche à la ligne a eu et a encore ses illustrations. Le directeur actuel du Conservatoire, Ambroise Thomas, l'auteur du *Caïd*, de *Mignon*, d'*Hamlet*, pour ne parler que de ses chefs-d'œuvre; Émile Augier, l'auteur des *Effrontés*; Jules Sandeau, dont le nom est la moitié de celui de Georges Sand; Auguste Maquet, Meissonier, le grand peintre de petits tableaux; Alphonse Karr, qui a écrit un traité sur le sujet qui nous occupe; Rossini, qui en péchant des goujons dans la propriété de M. Aguado a trouvé le beau trio de Guillaume Tell, — j'en passe, et des meilleurs, — tous ces hommes illustres n'ont pas cru déroger en demandant à cette inoffensive distraction quelques moments d'un repos bien mérité.

De graves personnages officiels sont venus plus d'une fois, la ligne à la main, oublier sur les bords de la Seine les ennuyeuses préoccupations de la politique. Un des plus célèbres ministres de Louis-Philippe, M. de Salvandy, s'évadait souvent furtivement, le matin, de son hôtel de la rue de Grenelle, descendait la rue de Bellechasse, longeait le quai, d'un air indifférent et sifflotant quelque air comme un brave rentier, regardait à droite et à gauche comme un flâneur, puis marchait plus rapidement qu'il ne convient à un fonctionnaire jusqu'au pont des Saints-Pères; là il se rendait sur la berge à un endroit qu'il avait découvert; une place divine, un vrai nid à goujons, que le ministre avait soin de faire amorcer chaque soir par son valet de chambre, confident discret de cette passion innocente, mais irrésistible. M. de Salvandy, heureux comme un écolier qui fait l'école buissonnière, lançait sa ligne et, les yeux fixés sur le bouchon, oubliait son portefeuille, l'Université, le monde entier; il péchait, péchait, péchait, jusqu'à ce que le passage plus fréquent des Parisiens lui fît craindre de voir sa personnalité reconnue et sa dignité compromise.

Trois matinées de suite, à une certaine époque, M. de Salvandy trouva sa place prise. O rage! ô désespoir! mais ô rage! ô désespoir concentrés! Car il ne fit rien voir, tant était grande sa philosophie! Quelque vexé qu'il fût, il n'osa pas revendiquer ses droits, ni réclamer contre l'usurpation. Le fait se renouvela une quatrième fois; la patience d'un mortel, fût-il une Excellence, un ministre de l'instruction publique, a pourtant des bornes. M. de Salvandy, les

PÊCHEURS A LA LIGNE (PONT MARIE).

mains dans les poches, d'un air indifférent, s'approche de l'usurpateur : il sonde d'abord le terrain par quelques questions générales. Il lui demande s'il est heureux à la pêche ; il lui fait une conférence sur les divers procédés en usage, sur les heures et les saisons les plus favorables, enfin, sur tous les lieux communs du métier.

— Vous devez sans doute, ajouta-t-il d'un ton insinuant, avoir une autre occupation plus sérieuse ? Ce ne peut être qu'un heureux hasard qui vous a fait ces loisirs.

— Hélas ! répondit le pêcheur.

> Nos, Meliboea, Deus nobis hæc otia fecit !...
> Infandum, regina, jubes renovare dolorem !

M. de Salvandy fit un mouvement de surprise en entendant cette apostrophe latine et familière.

LE PÊCHEUR A LA LIGNE.

— Non, continua l'inconnu, je ne regarde pas comme un dieu celui qui m'a fait ces loisirs, et vous venez de renouveler ce qui cause mon chagrin.

— Désolé, Monsieur, de vous avoir fait de la peine ; pardonnez-moi mon indiscrétion.

— Vous m'avez l'air d'un brave homme, Monsieur, je puis vous raconter cela. J'étais recteur de l'académie de X... ; je m'acquittais de mes fonctions avec zèle et conscience, lorsque Son Excellence, M. le Ministre, sur la foi de faux rapports, vient de me destituer. Je me suis rendu immédiatement à Paris pour réclamer contre cette injustice ; mais, Monsieur, vous ne connaissez pas les ministres ; pour nous autres pauvres hères, ils sont inaccessibles. On n'est pas même admis à faire antichambre. Alors, pour me créer quelques distractions, tout en me livrant à un exercice que j'adore, je suis venu m'installer ici : une excellente place, Monsieur, et j'oublie mon malheur, une ligne à la main.

— Qu'espérez-vous donc du ministère ? insinua M. de Salvandy.

— Mon Dieu, j'espère que Son Excellence, une fois qu'elle aura daigné m'entendre, me rendra pleine justice. Mais, hélas ! la justice ministérielle a le pied comme la vengeance divine : elle marche *pede claudo*.

M. de Salvandy, qui connaissait un peu cette affaire, pria son rival de lui en apprendre tous les détails.

— J'ai, lui dit-il, quelques amis assez bien posés au ministère de l'instruction publique, et il

LE SCIEUR DE PIERRES.

m'est presque possible de vous affirmer que, grâce à leur influence, je viendrais à bout de vous faire réintégrer dans vos fonctions.

Le pêcheur raconta toute l'histoire, et le soir même, à son hôtel, le pauvre recteur destitué recevait une communication de Son Excellence, lui annonçant que son innocence était reconnue, et qu'en considération de ses services antérieurs, il était nommé à un poste plus important dans un département voisin du sien, mais très éloigné du pont des Saints-Pères.

Dès le lendemain matin, à la première heure, M. de Salvandy rentrait en possession de son poste de prédilection, et, débarrassé d'un rival dangereux, continua tranquillement sa guerre à l'ablette et au goujon.

Rappelons encore, parmi les fanatiques amateurs de la pêche à la ligne, l'ami de Mlle Mars, Coupigny, chef de bureau au ministère dont nous venons de parler. En juillet 1830, pendant les trois Glorieuses, tandis que la révolution tonnait aux quatre coins de Paris, sourd aux balles qui sifflaient dans les airs, à la canonnade, aux cris, aux vociférations, Coupigny s'était glissé sous le pont des Arts, à sa place habituelle, et se livrait à son aise à sa passion favorite : « Jamais, disait-il, le poisson n'avait si bien mordu que durant ces belles journées. »

La pêche à la ligne m'a retenu longtemps; je commence à m'apercevoir qu'il est encore plus risible de rester là une heure, les yeux braqués sur un morceau de liège suspendu à un bout de fil tenu par un inconnu, que de tenir soi-même cette ligne! Que voulez-vous? on a beau se raisonner, prendre des résolutions énergiques, ou plutôt prendre énergiquement des résolutions, on agit toujours de même. Voilà ce que je me disais en quittant le pont Marie, et je me rendis, machinalement, sur le quai des Célestins.

L'origine de ce nom est facile à deviner; il vient des bons religieux qui avaient là leur couvent. C'étaient de braves gens que ces moines, et certains gourmets ont gardé pour eux la reconnaissance de l'estomac. Ils ne sont pas aussi populaires que les Chartreux, que les Trappistes, que les Bénédictins et autres distillateurs renommés, mais ils étaient passés maîtres dans l'art utile de confectionner les omelettes. Lisez tous les doctes traités de cuisine, consultez le fameux *Carême*, ils ont donné une mention honorable à l'*omelette à la célestine*. N'oublions pas non plus les *épinards à la célestine*, invention délicate dont la postérité doit conserver le souvenir, et qui prouve jusqu'à l'évidence que dans le secret de leur officine ces pieux reclus ne conspiraient pas contre la vie du prochain. Que l'Église leur pardonne! ils ont fait du bien : la gourmandise est un péché capital, mais le *gourmettisme* est un défaut mignon cher aux estomacs dévots... et incrédules.

L'Arsenal n'est pas loin, les magasins de la ville sont tout près; les Archives municipales habitent à quelques pas d'ici : après l'incendie de mai 1871, qui les a détruites dans l'avenue Victoria, on les a reconstituées sur le quai Henri IV, dans une maison bâtie exprès. Elles sont déjà riches et précieuses; mais que de trésors perdus à jamais! que de documents uniques réduits en cendres, que de pièces explicatives de certains faits de l'histoire parisienne ont disparu dans les flammes de la Commune!

Passons rapidement sur ces tristes souvenirs. Donnons un coup d'œil au bout du nouveau pont Sully, à l'hôtel La Valette, ancien hôtel Fieubet. Les peintures qui ornaient cet hôtel étaient dues au pinceau de Lesueur. Les bâtiments tombaient en ruine; M. de La Valette voulut tirer cette maison délabrée de l'abaissement où elle se trouvait; mais il y dépensa des sommes considérables et n'arriva à rien, si ce n'est à remettre les ruines à neuf, sans en faire autre chose que des ruines. Aujourd'hui ces pans de murs abritent tant bien que mal une école libre, en attendant une autre destination.

Si nous avions le temps de pénétrer dans ces vieux quartiers, pleins de souvenirs historiques, parsemés de maisons curieuses, témoins de scènes passées, tour à tour joyeuses et comiques, nous trouverions à foison des sujets d'études et de rêveries; mais ce sera pour une autre fois. Je suis pressé d'arriver.

Pressé d'arriver? où? Je n'en sais rien. Les gens qui flânent sont toujours pressés. Aussi je m'arrête devant une grande maison en construction. Quand je dis grande, j'exagère un peu, mais ce n'est qu'une affaire de temps : dans un mois, elle sera à la hauteur des maisons voisines. Pour aujourd'hui, ce sont les échafaudages qui sont énormes. Ces échafaudages ont toujours fait mon admiration. Maintes fois je me suis arrêté devant ceux du nouvel Hôtel de ville. C'est, ou plutôt c'était prodigieux, féerique, une vraie forêt, un enchevêtrement de grosses pièces de charpentes, des troncs d'arbres gigantesques, des tourelles, des escaliers, des pavillons, des labyrinthes inextricables pour d'autres que les braves Limousins. Toute une population habitait là-dessus : des milliers d'ouvriers circulaient, allaient, couraient, venaient, montaient, descendaient,

criaient, chantaient, besognaient à qui mieux mieux à travers ce dédale de poutres. Ces échafaudages, dignes de la tour de Babel, représentaient une valeur matérielle de plus d'un
million, bien certainement; jugez de ce que le monument pourra coûter lorsqu'il sera arrivé à
son parfait achèvement. Combien de travailleurs, architectes, entrepreneurs, maçons, charpentiers,
tailleurs de pierre, serruriers, menuisiers et tant d'autres ont trouvé là le gain suffisant pour
nourrir la petite famille et peut-être pour mettre quelques sous de côté qu'on sera heureux de
retrouver les jours de chômage! Certes, le brave maçon, Martin Nadaud, avait raison de dire :

L'Hôtel de Ville.

« Quand le bâtiment va, tout va. » Quelle animation dans les vastes chantiers! Les uns donnent le
dernier coup aux masses énormes que d'autres font monter à leur place même au moyen de
machines ingénieuses; on entend le grincement des scies des braves gens qui doivent partager en
deux les blocs de granit, au grand détriment des oreilles de ceux qui n'y sont pas accoutumés;
au milieu de la poussière, se promènent quelques curieux privilégiés qui ont sans doute des intel-
ligences dans la place, c'est-à-dire qui connaissent un concierge, un gardien, un contre-maître. Et,
de fait, rien de plus animé, rien de plus pittoresque que le va-et-vient de cette vaste fourmilière.

L'Hôtel de ville sera un monument admirable lorsque quelques années en auront fait
disparaître cette blancheur éblouissante qui contraste trop avec les ombres noires formées par

68

les saillies de l'édifice. Rien n'est encore fondu, il n'y a pas de transition. Mais ce n'est qu'un léger détail : c'est comme la jeunesse, cela passera avec le temps. L'Hôtel de ville de MM. Ballu et de Perthes rappelle celui que la Commune a fait disparaître. Nous ne le décrirons pas pour le moment; plus tard, nous en aurons peut-être l'occasion. Mais disons quelques mots de ce peuple de statues qui décorent splendidement le palais municipal : tous ces personnages sont là chez eux; ce sont des Parisiens qui ont honoré la grande cité natale, et qui, aujourd'hui, en reçoivent le suprême honneur. Quelques-unes de ces statues sont des chefs-d'œuvre dus aux premiers artistes de notre époque : les Falguière, les Chapu, les Guillaume, les Mercié, les Barrias et tant d'autres, ont reproduit les traits de Molière, de Lavoisier, de Jean Goujon, de Boileau, de Voltaire, de Mme de Sévigné, de Mme de Staël, de George Sand et de centaines de personnages illustres. Tous ces grands noms sont, pour ainsi dire, l'histoire parlante de la glorieuse capitale: la Ville est fière de ses enfants; elle les propose en exemple perpétuel à notre génération et aux générations futures, et elle semble dire aux vivants par la bouche de ces

Hôtel de la Valette, ancien hôtel Fieubet (XVIIe siècle).

morts : « Imitez-nous, soyez comme nous, et vous pourrez un jour revendiquer votre place sur ces façades où la reconnaissance et l'admiration nous ont dressé un piédestal! »

Rendons grâces au Conseil municipal de Paris, au conseil élu, d'avoir eu l'idée de cette apothéose des gloires parisiennes. Soyons-lui reconnaissant d'avoir été juste et impartial dans les choix qu'il a su faire; et surtout d'avoir, pour ne pas décourager les vivants, placé à l'entrée du nouveau palais populaire l'illustre restaurateur des vieilles cathédrales, Viollet-le-Duc, dont le buste sans doute ornera un jour la salle des séances de l'Académie des Beaux-Arts, avec cette inscription empruntée au Molière de l'Académie française :

RIEN NE MANQUE A SA GLOIRE, IL MANQUAIT A LA NÔTRE.

L'avenue Victoria, qui part de l'Hôtel de ville, aboutit au Châtelet. Faisons une station sur cette place.

A gauche, quand on vient de la rive gauche par le pont au Change, on a le théâtre du Châtelet; à droite, le Théâtre-Lyrique, aujourd'hui théâtre des Nations, ainsi nommé parce que...

LA PLACE DU CHÂTELET ET LE BOULEVARD DU PALAIS

on n'a jamais su pourquoi. En face, la fontaine du Châtelet ou de la Victoire : on connaît la raison de cette appellation, et quelques lignes de description mettront le lecteur au courant.

La fontaine qui orne la place fut construite en 1806; on la nommait alors *Fontaine du palmier*, parce qu'elle présentait un fût de feuilles de palmier, placé au milieu d'un bassin circulaire et surmonté d'une statue de la Victoire en bronze doré.

Le long du fût, à intervalles égaux, des espèces de bagues rappellent, en lettres d'or, les victoires remportées par nos armées en Égypte et en Italie. Quatre statues, représentant les Vertus Cardinales, entourent la base du palmier en se tenant par la main.

Cette partie du monument repose sur un piédestal dont deux faces, celles qui regardent le sud et le nord, sont décorées de sculptures ornementales. Aux quatre angles se trouvent des cornes d'abondance terminées par des têtes de dauphins en bronze, qui font jaillir l'eau dans le bassin.

La construction des deux théâtres et de la Chambre des notaires qui sert de fond à cette place, et le percement du boulevard Sébastopol, en nécessitèrent la transformation. La fontaine, située comme elle était, ne répondait plus à aucun axe de symétrie; le bassin était enterré de plus d'un mètre, par suite des différents remaniements du sol. Ces diverses circonstances occasionnèrent le déplacement du monument à 12m,40 de son ancien axe, ainsi qu'un exhaussement de 3m,50 qui fut réalisé au moyen de l'adjonction d'un soubassement occupant le centre de trois séries de bassins superposés, et flanqué de quatre sphinx engagés dans le dé de ce piédestal.

La place du Châtelet, comme son nom l'indique, a été formée sur l'emplacement du Grand Châtelet. Le Comité des inscriptions parisiennes, qui a son siège à l'Hôtel de Ville, va rappeler ce souvenir historique par une inscription.

Voici le texte de cette inscription arrêtée par le Comité, et gravée en caractères épigraphiques, sur une plaque commémorative qui sera clouée sur la façade de la Chambre des notaires, à gauche du spectateur :

SUR CETTE PLACE

S'ÉLEVAIT AVANT 1802

L'ANTIQUE FORTERESSE

DU

GRAND CHATELET

PRINCIPALE ENTRÉE DE LA VILLE

SIÉGE DE LA PRÉVÔTÉ DE PARIS

RÉUNISSANT DANS SES ATTRIBUTIONS

LA JUSTICE EN PREMIÈRE INSTANCE

ET LE NOTARIAT

———

LE PÉRIMÈTRE DU GRAND CHATELET

EST TRACÉ SUR LE SOL DE CETTE PLACE.

Sur la même maison, à droite, on placera cette autre inscription :

AU SUD DU GRAND CHATELET

SUR L'EMPLACEMENT DE LA FONTAINE

ÉTAIT LE PARLOIR AUX BOURGEOIS

DIT DE SAINT-LEUFROY

OÙ LES ASSEMBLÉES DE VILLE

AU MOYEN AGE

SE SONT TENUES PENDANT PLUSIEURS SIÈCLES

———

ICI SE TROUVAIT

LA GRANDE BOUCHERIE

OCCUPÉE PAR L'UNE DES PLUS ANCIENNES

CORPORATIONS DE PARIS.

Nos édiles ont raison de rappeler ainsi aux passants l'histoire locale de Paris. Combien de
personnes à qui tous ces mots de Parloir aux Bourgeois, de Grand Châtelet, de Petit Châtelet, ne
disent rien? Ils ont déjà fait quelque chose, mais leur besogne n'est pas terminée. Ne pourrait-on
pas expliquer — brièvement, en deux mots, — certains noms de rues? Pourquoi rue de la Parche-
minerie? rue du Dante? rue des Vieilles-Étuves?

Si le soir, quand le ciel est pur, chose bien rare, hélas! vous passez par la place du Châtelet,
mettez, pour vos deux sous, votre œil au bout de la lunette du vieil astronome; vous ferez une
bonne action, et peut-être il vous sera donné d'apercevoir les montagnes de la lune, les satellites
de Jupiter et la queue lumineuse de la nouvelle comète. Mais si vous tenez à voir cette dernière,
hâtez-vous, car dans quelques jours elle sera tombée en plein soleil, et le soleil la dévorera comme
le brasier d'un haut fourneau dévore un fétu de paille. Pauvre astronome! Il comptait sur Vénus
et son passage séculaire devant le soleil pour augmenter le chiffre de ses recettes! Hélas! il

Un Cocher de fiacre.

avait oublié qu'il faut compter avec cette déesse et non pas compter sur elle! Les pluies ont
noyé ses espérances.

Quand je suis sorti ce matin, le soleil était splendide; mais un gros nuage est venu; il a
grossi encore et la pluie tombe : c'est, du reste, un phénomène particulier à Paris. Malheureusement j'ai laissé mon *robinson* à la maison. C'est le cas de répéter le refrain populaire : « Je n'ai
pas de parapluie, ça va bien quand il fait beau... » etc. Allons à la recherche d'un fiacre : je n'en
vois pas autour de moi. Je traverse le pont au Change; je jette, en passant, un coup d'œil au
Palais de justice, magnifique monument toujours en réparation. Justement, j'aperçois en face du
Palais un brave homme de cocher qui dort sur son siège et semble attendre la pratique. —
« Cocher, êtes-vous libre? — Non, bourgeois; j'ai amené un avocat; il est entré là dedans, et il
m'a dit de l'attendre pour le *remmener*. — Si vous attendez un avocat, vous avez du temps de
reste. — Bah! je m'en... moque! je suis à l'heure. »

Je juge inutile de pousser plus loin la conversation; je me dirige à la station d'omnibus de

L'OPÉRA.

la place Saint-Michel : il y passe des tramways; c'est une tête de ligne pour les grands omnibus
qui vont à la gare Saint-Lazare ou pour les petits qui se dirigent aux forges d'Ivry; avec de la
persévérance, je finirai bien par trouver une place. Il y a foule; les tramways passent avec le
mot *complet*. Pour espérer le plus petit coin, il faudrait remonter au point du départ : Montrouge,
ou, tout au moins, le square Monge. Je parviens à monter dans la troisième voiture par la gare
Saint-Lazare, et, au bout d'un quart d'heure, le sifflet du contrôleur donne le signal du départ.

Le véhicule se met en marche. Nous repassons par le Palais de justice, par le Châtelet;
nous suivons la rue de Rivoli jusqu'au Palais-Royal, et nous prenons l'avenue de l'Opéra. L'avenue
de l'Opéra! ce nom me fait songer aux merveilles que Garnier a entassées au bout de cette
avenue. L'Opéra! je ne l'ai jamais visité. Un jour viendra peut-être où ce paradis m'ouvrira ses
portes, où il me sera donné d'admirer l'un après l'autre tous les détails de ce monument incom-
parable que Garnier a bâti, que Baudry a décoré.

Pendant ce temps, la pluie avait cessé; je descends d'omnibus et je me trouve au milieu
d'une escouade de balayeurs armés de leurs instruments de travail. C'est une chose importante

dans une grande ville que le balayage; aussi cette opération est-elle le souci constant des muni-
cipalités. Les personnes employées à ce service sont ordinairement des hommes âgés, ou de pauvres
femmes qui ont eu leur jour de gloire et qui maintenant sont privées de tout autre moyen
d'existence. Grandeur et décadence! Leur salaire est des plus minimes; il ne devient un peu plus
élevé qu'à l'époque des neiges. C'est une rude besogne alors; et il faut doubler, tripler le nombre
de ces modestes et utiles travailleurs. A Londres, ce service est merveilleusement organisé; la
neige a beau tomber pendant une nuit entière, les habitants, à leur réveil, n'en aperçoivent pas
un flocon dans les rues : il n'en reste que sur les toits. Nous n'en sommes encore pas là à Paris;
mais les efforts de l'administration tendent à ce résultat, et chaque année on peut signaler de
réels progrès en ce genre.

Autrefois, c'était l'Allemagne qui fournissait à Paris la race des balayeurs; et de toutes
les provinces d'Allemagne, la Hesse semblait avoir le monopole de cette utile et peu lucrative
industrie. Vraiment, c'était un curieux spectacle que présentaient ces faces blondes de Germains;
on s'arrêtait volontiers à écouter leur jargon inintelligible et à regarder leurs grands gestes
qui s'allongeaient encore de toute la longueur de leur immense balai. Aujourd'hui la Ville a
son armée de cantonniers, active et disciplinée; elle a ses tuyaux d'arrosage et ses *balayeuses*

mécaniques qui font admirablement le nettoyage des grandes voies. Qui n'a été forcé parfois de sauter par-dessus des flaques de boue défendant l'abord des trottoirs, et n'a mis son soulier au beau milieu? Qui n'a été atteint par le jet d'eau que lance, sans s'émouvoir, la main d'un arroseur maladroit ou... facétieux? Mais que sont ces légers inconvénients en comparaison des avantages qui en résultent pour la population?

Le hasard m'a conduit presque aux extrémités de Paris. Je me suis promené de merveilles en merveilles : Paris est un séjour enchanté pour celui qui veut travailler, se reposer, se distraire. On y trouve tout : bruit et silence, foule et solitude, prose et poésie. C'est là qu'on peut vivre; seulement il faut savoir y vivre. Voulez-vous passer quelques bonnes heures de quiétude, de calme, de rêverie? Allez au parc Monceaux. C'était jadis un lieu plein d'enchantement; aujourd'hui c'est encore un lieu plein de charmes. Les plaisirs, sans doute, ne sont plus les mêmes qu'au siècle

LE PARC MONCEAUX. — LES BÉBÉS.

passé; les princes et les seigneurs ne s'y rendent plus en secret, avec des courtisanes du meilleur monde, dans les pavillons isolés; mais vous verrez, dans les larges allées, sur les vertes pelouses, à l'ombre des arbres exotiques, qui ne semblent regretter ni le sol natal ni l'air de la patrie absente, vous verrez, dis-je, ces charmants bébés qui prennent leurs ébats sous l'œil peu vigilant de leurs bonnes; vous pourrez les suivre dans leurs courses, dans leurs jeux, et deviner, à leurs gestes ou à leur conversation, ce qu'ils seront plus tard, à l'âge où l'on ne joue plus, où l'on entre dans la vie active et militante.

Monceaux, jadis, était une dépendance du village de Clichy. Un financier célèbre, le fameux Grimod de la Reynière, alors fermier général, fit l'acquisition de la seigneurie de Monceaux et dépensa des sommes fabuleuses pour embellir le château de Belair. Mais les prodigalités du financier n'étaient rien si on les compare à celles de Philippe d'Orléans, duc de Chartres, — depuis Philippe-Égalité, — qui acheta le domaine et, en 1778, y fit construire une maison de plaisance connue sous le nom de *Folie de Chartres*. Le château était un château comme un autre, sans aucune particularité qui le signalât à l'admiration publique; mais le parc était féerique. Tout ce qu'on peut rêver de plus enchanteur dans l'art de décorer les jardins se trouvait réuni dans ce coin de terre charmant et délicieux. L'architecte Carmontelle, écrivain fort distingué, en dessina le plan, et ce fut une merveille. On pouvait s'arrêter devant mille et mille curiosités : une naumachie, un temple, des kiosques, des bains, des obélisques, des paysages champêtres, des statues, des grottes, et le reste. Le duc de Chartres chassait de race : il suivait les luxurieux exemples de son aïeul, et le petit pavillon qu'il fit construire à l'une des extrémités du parc abrita bien des mystères. Admirez combien la Providence est bonne à notre égard : jamais l'image funèbre de l'avenir ne vint mêler sa note de deuil aux chansons joyeuses du prince qui devait, lui aussi, porter sa tête royale sur l'échafaud!

Parmi les anecdotes relatives à ce splendide jardin, en voici une qu'on peut raconter : Mme de Genlis, la célèbre gouvernante des princes et princesses d'Orléans, s'y promenait souvent avec ses élèves; elle leur apprenait les phénomènes de la végétation, cueillait des fleurs, en faisait connaître les différentes parties et les propriétés. Un jour qu'elle expliquait à ses élèves un chapitre de Linné, ils virent se dissimuler, dans un coin du jardin, une ombre que la jeune troupe avait surprise et qui s'enfuit en courant, avec une botte d'herbes cueillies dans les fourrés du parc, jusqu'à une brèche par laquelle elle disparut.

Quel était ce maraudeur d'une nouvelle espèce? Si prompte qu'eût été sa fuite, Mme de Genlis l'avait reconnu.

Le lendemain matin, la brèche n'existait plus; à la place on avait mis une petite porte fermant bien à clef; et la clef en fut envoyée au mystérieux visiteur avec permission de venir, sans craindre les surprises, herboriser librement, à toute heure, dans le jardin de Monceaux. Ce personnage, ainsi privilégié par un prince de la famille royale, n'était autre qu'un philosophe doux et triste, un écrivain souvent profond, toujours correct et élégant, un botaniste qui a rendu célèbre la modeste plante qu'on nomme la pervenche : en un mot, Jean-Jacques Rousseau.

Vint la Révolution, à laquelle le génie de Jean-Jacques ne fut pas étranger. Philippe-Égalité, malgré ses concessions démocratiques, fut décapité. La Convention, en 1794, décréta que le parc Monceaux, pour le moment domaine national, serait utilisé de façon à profiter au peuple : on en fit une promenade publique. Plus tard, quand Bonaparte, devenu Napoléon, se fut fait couronner empereur, il songea à faire une gracieuseté à son ancien collègue du Consulat, l'archi-chancelier Cambacérès, et lui donna Monceaux en toute propriété. C'était un présent vraiment impérial — qui ne coûtait rien à l'empereur, — mais c'était un présent onéreux. Cambacérès le garda cinq années, dépensa de grosses sommes à l'entretenir, et finit par rendre un don qui l'aurait bientôt réduit à la mendicité.

Un décret de Louis XVIII, lors de la première restauration, en 1814, restitua Monceaux à la famille d'Orléans, qui rendit au domaine, un peu négligé, quelque chose de son ancienne splendeur. C'était un des endroits qu'affectionnait surtout le roi Louis-Philippe, en souvenir peut-être de sa première enfance et des leçons de Mme de Genlis. Le surintendant des plantations de Monceaux était un vieux jardinier, le père Schoëne, un original qui ne connaissait que ses fleurs et ses arbres. Il ne fallait pas que le roi s'avisât d'avoir raison contre le père Schoëne, qui, pareil à Jean Bart dans les salons de Versailles, fumait librement sa pipe devant le roi et son auguste famille, comme on disait en langage de l'époque.

Le père Schoëne mourut; le roi Louis-Philippe prit, à son tour, le chemin de l'exil : cette montée obligatoire au Calvaire, que les souverains ont accoutumé de gravir. 1852 arriva; d'immenses travaux de viabilité et d'embellissement haussmannisèrent Paris; le magnifique boulevard Malesherbes fut ouvert à la circulation, et Monceaux se vit, une fois encore et pour tout de bon, transformé en promenade publique. Mais il était considérablement diminué; il occupait jadis une surface de quarante-neuf hectares, aujourd'hui il en compte huit à peine.

Le parc actuel présente un aspect des plus gracieux et des plus élégants; du côté des anciens boulevards, il est enclos par des grilles monumentales, et il offre quatre belles entrées; ces grilles et ces entrées ont été établies sur les dessins du regretté M. Davioud. L'entrée, du côté du boulevard Malesherbes, présente une grille d'apparat, percée de cinq portes : c'est un des plus beaux spécimens de la serrurerie contemporaine. M. Alphand a conservé tout ce qui pouvait rester des vestiges de l'ancien domaine. Les cascades, les ruisseaux, les ponts ont été complètement reconstruits. Le rocher, la cascade et la grotte, qui sont placés à gauche de la grande cascade, servent aujourd'hui de point de départ aux eaux qui vont alimenter la naumachie, qu'on s'est borné à consolider, sans lui ôter son caractère de ruine. Cette naumachie consiste en une colonnade de style corinthien qui provient de l'ancienne chapelle funéraire des Valois dans l'abbaye de Saint-Denis, démolie par ordre du Régent.

Ce ne sont pas ces édicules, si jolis qu'ils soient, qui font le charme principal du parc

Les Balayeurs (Place de l'Opéra).

Monceaux : les gazons, les fleurs, les arbres, les oiseaux, les enfants qui animent ce petit paradis font de ce coin de terre, situé à l'une des extrémités de Paris, un séjour enchanteur.

Mais une promenade si magnifique n'aurait pas été complète si l'art n'avait contribué à sa décoration. Ces pelouses, ces bosquets, ces bassins, devaient avoir leur peuple de statues. La Ville de Paris a fait appel aux artistes, elle a emprunté à l'État quelques belles œuvres, elle en ajoutera d'autres encore. Déjà, dans une des îles du parc, on peut admirer la statue d'*Hylas*, de M. Léopold Morice, et au milieu des deux pelouses situées à gauche et à droite du bassin, *le Charmeur*, de M. Bayard de La Vingtrie, et *le Joueur de billes*, de M. Lenoir. Arrêtons-nous en passant devant *le Semeur*, de M. Chapu, et *le Faucheur*, de M. Gumery. Ces deux statues appartiennent à l'État, les autres sont la propriété de la Ville de Paris, ainsi que *le Moissonneur*, de M. Gaudez, et *le Paradis perdu*, de M. Gautherin. Il y a encore dans ces bosquets, sur le bord des ruisseaux et des allées ombragées, quelques endroits propices aux belles nymphes et aux dieux toujours jeunes, toujours souriants, de l'Olympe antique. Allons, sculpteurs, faites jaillir du marbre, ou coulez-nous en bronze, ces formes éternellement suaves qui nous prouvent que la religion du beau ne périra jamais.

J'avais entendu parler souvent des carrières d'Amérique. Les carrières d'Amérique! nom singulier : l'Amérique transportée à Belleville! Quelle est l'origine de cette appellation! Bien érudit qui pourrait en donner la signification exacte! Un membre de l'Institut viendra peut-être un jour nous tirer d'embarras. Pour aujourd'hui, essayons d'en formuler une, que je ne donne pas comme la véritable, mais qu'on peut accepter en attendant mieux. Les produits de ces carrières ne servent pas seulement aux besoins de Paris ou des environs; on en charge de grands bateaux qui descendent le canal, puis la Seine, et s'en vont jusqu'au Havre. Du Havre, ces masses de pierre traversent l'Atlantique et sont employées à la construction d'hôtels splendides ou de blanches villas. Plus d'un Parisien expatrié dans le Kentucky ou la Floride, abrité par des murs construits avec les pierres de la patrie, peut, le soir, rêver à son Paris absent :
Et dulces..... reminiscitur Argos.

Ces carrières sont situées dans le quartier de Belleville, à Paris. Au bas des Buttes-Chaumont, ce paradis splendide créé par M. Alphand, et que couronnent Belleville et ses jardins, s'ouvrent deux larges baies qui plongent dans la montagne : l'une est l'entrée du tunnel du chemin de fer de ceinture, l'autre est l'ouverture des plâtrières, qu'on appelle vulgairement les carrières d'Amérique. Ces carrières ont une superficie de plus de trois hectares; on y use par jour plus de trente kilogrammes de poudre, et une centaine d'ouvriers y trouvent, au milieu des périls inhérents à tous les mineurs, le pain quotidien.

Laissons un moment encore la parole à M. Émile de La Bédollière : « Rien d'imposant et d'horriblement superbe, dit-il dans son *Nouveau Paris*, comme l'intérieur de ces vastes catacombes! Les lourds piliers ménagés de distance en distance pour soutenir le ciel de la carrière, la lumière des torches qu'on voit aller et venir à travers les ténébreuses perspectives, l'eau qui suinte du plafond et s'égoutte dans les mares avec des sons d'harmonica, le chant lointain des mineurs, tout a une physionomie à part dans ces noirs ateliers. Parfois aussi le cri de : « Sauve « qui peut! » se fait entendre; alors on voit les lumières fuir à droite et à gauche; un silence absolu règne pendant plus d'une minute, puis une détonation fait trembler la montagne jusque dans ses fondements, et quiconque visite ces lieux pour la première fois pourrait croire qu'une catastrophe vient d'arriver; mais, aussitôt après l'explosion, les lumières reviennent à leur point de départ, et les chants d'ateliers recommencent de plus belle : c'est une mine que l'on vient de faire partir. »

Mais les carrières ont leurs périls et leurs désastres : c'est un champ de bataille qui compte parfois ses victimes. Il faut voir alors chaque ouvrier quitter son travail et accourir quand on entend soudain retentir ce cri : « Un homme dans la moutarde! » Ce cri singulier semble d'abord une plaisanterie; votre première pensée est d'en rire, et pourtant c'est bien souvent l'annonce d'un malheur. Dans toutes les exploitations souterraines, où l'on nivelle le terrain par à peu près, il se rencontre par-ci, par-là, dans les inégalités du sol, des espèces de bassins où aboutissent toutes les eaux. A ces eaux stagnantes viennent se mêler, se détremper les détritus des voûtes et des chantiers; et tout cela forme bientôt une boue liquide qui revêt traîtreusement l'aspect poudreux du sol ordinaire. C'est là ce qu'on nomme *moutarde*, dans le langage figuré des carriers. Malheur alors, malheur à l'ouvrier qui, ne reconnaissant plus son chemin dans le dédale des sentiers, pose le pied sur cette boue qui n'est ni eau, ni sol, dans laquelle il enfonce, il étouffe, si des secours ne lui sont immédiatement portés! Avez-vous entendu une fois ce cri : « Un homme à la mer! » eh bien, il est moins terrible que le cri : « Un homme dans la moutarde! »

Mais ce n'est pas là ce qui a valu aux carrières d'Amérique leur renommée populaire. Ce nom évoque des souvenirs qui rappellent avec avantage l'ancienne Cour des Miracles que Victor Hugo nous a rendue d'une manière si saisissante dans *Notre-Dame de Paris*. Les galeries sinueuses et profondes des carrières ont depuis longtemps le triste privilège d'être le refuge ordinaire des

LES CARRIÈRES D'AMÉRIQUE.

Gravure de A. Lepère, d'après le tableau de Matthias.

gens sans aveu, des rôdeurs nocturnes et de tous les individus suspects qui redoutent l'œil vigilant de la police; ce sont surtout les fours à plâtre qui sont recherchés, parce qu'ils sont recouverts d'une toiture et qu'il y règne une douce chaleur. C'est là qu'ils dorment, c'est là qu'ils se cachent, c'est là que la police vient les chercher à coup sûr. Mais on a beau les traquer dans cette retraite, les chasser, les enlever, il en revient toujours de nouveaux qui se feront prendre à leur tour; le local n'est jamais vide. Il en résulte qu'en jetant un coup de filet à de certaines époques, les agents de la préfecture sont toujours assurés d'y récolter, parmi de simples vagabonds, des voleurs et des malfaiteurs de la pire espèce. Mais que faire de tous ces misérables? Les prisons ne suffisent pas; on retient les plus dangereux, trois ou quatre, et on relâche les autres, qui s'empressent de retourner aux carrières, puisqu'ils n'ont pas d'autre domicile.

Du reste, il y a des gens qui n'ont pas d'autre métier que celui de se faire ramasser dans les carrières d'Amérique. Ce sont des déclassés, qui, par indolence, par paresse, par insouciance, ont pris la vie au jour le jour, comme elle se présentait, et finalement n'ont jamais vu d'autre carrière s'ouvrir devant eux. Au fond, ils aimeraient mieux avoir un hôtel à eux, avec des rentes inépuisables; mais ils sont trop vieux, trop abrutis pour entreprendre quoi que ce soit. Leur vie a été manquée : un beau soir, se trouvant sans gîte, sans un centime dans leur poche, ils n'avaient plus qu'à choisir entre la Seine et les carrières de Belleville : ils ont choisi ces dernières.

Que devient tout ce beau monde pendant le jour? C'est bien simple : les gouapeurs, c'est leur nom, s'en vont par bandes de deux, de trois, de quatre, exercer leur petite industrie. Vous devinez bien qu'elle n'est pas patentée. Cela ne fait rien : jattes de lait, quartiers de viande, boîtes de sardines, charcuterie, saucissons — à l'ail surtout, — bouteilles de vin, etc., voilà pour les repas; bottines, chaussons, pantalons, paletots, casquettes, voilà pour le costume. La nuit, chacun revient à son poste : on se fait part des événements heureux ou malheureux de la journée; on fait des échanges, on partage. Celui qui n'a pas eu de chance a sa part comme les autres : demain, il sera plus heureux. Celui qui a trop d'effets les échange contre des provisions de bouche : ce sont tous des amis et des frères.

Les citoyens de ce curieux royaume de la truanderie se composent, outre les filous, dont nous venons de parler, de mendiants, d'aveugles, de manchots, d'estropiés qui le jour inondent Paris, et cherchent à nous apitoyer sur leur sort, et qui, le soir, reprennent le libre exercice de tous leurs membres; de figurants, de vendeurs de contremarques, de joueurs de bonneteau, et de vingt autres professions. Il y en a de tous les âges, des enfants, des jeunes gens, des vieillards. Ils sont toujours en éveil, toujours sur le qui-vive : qu'il survienne un étranger, vous verrez tous les gouapeurs déguerpir au plus vite : c'est qu'ils vous prennent tout d'abord pour un agent de la police. Mais si, à votre air, ils ont reconnu que vous n'êtes qu'un simple visiteur, paisible et inoffensif, ils reviennent à leur poste, et au besoin ils répondent aux questions que vous leur adressez; mais ils vous répondent souvent dans une langue épicée auprès de laquelle celle de Rabelais semblerait une édition expurgée *ad usum Delphini*.

Les carrières d'Amérique sont donc intéressantes à étudier à tous les points de vue : le philosophe, le moraliste, le géologue y trouveront des sujets de méditation qui les dédommageront au centuple des fatigues d'un voyage à l'extrémité de Paris; et si Callot revenait sur la terre, comme son crayon aurait beau jeu à reproduire pour la postérité les têtes expressives des habitants des carrières!

Ce peuple, tout particulier, ne se rencontre pas seulement aux carrières d'Amérique; on pourrait le rencontrer à Montmartre, dont les excavations ont eu aussi leurs jours de splendeurs. Montmartre est un nom historique, à Paris; il remonte à la plus haute antiquité, et pourtant les plus habiles étymologistes ne peuvent dire, à coup sûr, d'où il nous vient. Les uns tiennent pour *Mons Martis*, à cause d'un temple de Mars qui aurait existé sur la hauteur; les autres préfèrent *Mons Martyrum*, en souvenir du martyre de Saint-Denis et de ses deux compagnons saint Rustique et saint Éleuthère.

Dès les temps les plus reculés de l'histoire ecclésiastique des Gaules, il y eut sur le

sommet de la montagne une église importante que détruisirent les Normands. Plus tard, au
xii° siècle, on bâtit une chapelle, que le roi Louis VI acheta au monastère de Saint-Martin-des-
Champs; il y fit construire l'église actuelle qui fut consacrée par le pape Eugène III; avec l'église,

MONTMARTRE.

il édifia un monastère qu'il dota richement et où il installa des religieuses bénédictines. Nous ne
ferons pas l'histoire de ce coin de Paris, ce serait faire l'histoire du monastère. Rappelons seulement
qu'en 1814, Napoléon ordonna d'établir des batteries sur les buttes; on y plaça des canons, mais
on oublia d'y placer des hommes pour servir les pièces. Cet oubli était si invraisemblable que
les ennemis, pendant toute la journée du 30 mars, n'osèrent attaquer Montmartre qui passait pour

imprenable. Cependant ils finirent par s'apercevoir qu'il n'y avait personne, et, le soir, ils occu-
pèrent la montagne, tournèrent la gueule des canons contre la ville et y lancèrent quelques boulets.
La capitulation fit cesser le bombardement.

Laissons ces tristes souvenirs. Montmartre heureusement en possède de plus joyeux et de
plus riants. Les moulins de Montmartre ont été célèbres; ses bals ont eu leur réputation, bien
supérieure à celle qu'ils peuvent avoir en ce moment; autrefois on allait de Paris à Montmartre,
comme on va aujourd'hui de Paris à Saint-Cloud : c'était une excursion. Maintenant ce grand
village, aussi populeux que les plus grandes villes de France, a été réuni à l'immense capitale
qui sans cesse dévore ses limites, et le voyageur qui s'aventure de ce côté ne quitte pas la ville.
C'est une curieuse ascension à faire que celle des Buttes-Montmartre. On admire d'abord les
travaux de la grande église du Sacré-Cœur que l'architecte a été chargé de construire sur le haut
de la montagne; ces travaux sont considérables : ils ont déjà pris plusieurs années, et ne paraissent
guère avancés; on s'en console pourtant et l'on espère, en songeant que Notre-Dame a été quelques
siècles avant d'étaler à nos yeux ses sublimes magnificences.

Mais ce qui est plus admirable encore que tout cela, c'est le splendide panorama qui se
déroule aux regards. Si, de là, vous contemplez Paris, il vous apparaît sous un autre aspect que
du haut du Panthéon ou de l'Arc de triomphe. Si vous tournez les yeux de l'autre côté, votre
vue embrasse la plaine Saint-Denis et toute la belle vallée de Montmorency avec les verdoyantes
collines qui forment son horizon. Le fleuve dort au sein de cette vallée; parfois il se cache, puis
il se montre plus loin, étincelant au soleil, et trouant d'une vive lumière diamantée les tons verts
du paysage. Quand vous avez bien contemplé les bois, les champs, la rivière, les coteaux avec
leurs maisons blanches, retournez-vous encore vers Paris; car c'est toujours là le spectacle qui
attire, qui fait rêver, qui fait penser. Tout ce qu'il y a de beau, de grand, de sublime s'épanouit
radieusement dans ce petit coin du globe qui n'a pas dix lieues de tour; tout ce qu'il y a de
laid, de petit, d'horrible, grouille pour ainsi dire dans cet étroit espace. A quoi bon courir
l'univers? Pourquoi traverser les forêts immenses des deux Amériques, les déserts sauvages et
brûlants de l'Afrique, les glaces de la Sibérie, les îles inconnues de l'Océanie? Pourquoi étudier
au loin les civilisations indiennes, les mœurs chinoises, les coutumes japonaises? Paris a mieux
que tout cela! A lui seul, il offre plus de sujets d'études que le reste du monde. Vous croyez le
connaître! Erreur; vous n'en savez pas le premier mot. D'ailleurs il n'est plus le même aujourd'hui
que vous l'avez vu hier; demain il ne ressemblera déjà plus au Paris d'aujourd'hui : on a fait
cent fois son histoire : on la refera cent fois, et jamais elle ne sera ni exacte ni complète. Il vit
plus vite que les autres cités du globe. Londres grandit, grossit, prend de l'embonpoint; mais
Londres ne change pas. Qui a vu Londres, il y a trente ans, cinquante ans, cent ans, le recon-
naîtrait à la fin du xixe siècle. Mercier nous a tracé un tableau du Paris de son époque; c'est
pour nous un Paris antédiluvien. Le satirique auteur avait conscience du peu de fidélité que son
œuvre aurait au bout de quelques années; aussi a-t-il voulu forcer son imagination, et il nous a
laissé un tableau de Paris en 2440. Sans doute, il s'est cru bien audacieux. Son utopie est déjà
bien dépassée, et il y a un siècle à peine que ce dernier ouvrage a été publié.

Que deviendra Paris? Ne cherchons pas à le savoir. Paris est le précurseur de tous les
progrès de l'humanité. Il marche en avant; il va vite, mais si rapide que soit sa course, il
n'arrivera jamais au terme de la perfection humaine. Cette perfection existe cependant; mais elle
existe comme l'éternité, comme l'immensité. Si loin qu'on aille, on peut toujours aller plus loin.
Le chemin qu'on a parcouru est vaste, mais il en reste encore plus à parcourir. Que de prodiges
vont éclore sous nos yeux! et quel magnifique tableau les Merciers futurs pourront écrire dans
deux ou trois siècles! Heureux ceux qui pourront jouir du spectacle sublime qu'offriront ces
temps merveilleux! Ce sera — nous l'espérons — le règne définitif de la paix, de la justice, en
un mot, du bonheur universel!

TABLE DES GRAVURES

GRAVURES HORS TEXTE

(Eaux-fortes originales de Lucien Gautier.)

Paris. — Imprimerie de l'Art, J. Rouam, Imprimeur-éditeur, 41, rue de la Victoire.